全球治理背景下的
金融监管重建与大国金融

祁敬宇 王 刚 著

中国金融出版社

责任编辑：张怡姮
责任校对：刘　明
责任印制：陈晓川

图书在版编目（CIP）数据

全球治理背景下的金融监管重建与大国金融（Quanqiu Zhili Beijingxia de Jinrong Jianguan Chongjian yu Daguo Jinrong）/祁敬宇、王刚著．—北京：中国金融出版社，2017.2

ISBN 978 - 7 - 5049 - 8697 - 9

Ⅰ.①全…　Ⅱ.①祁…②王…　Ⅲ.①金融监管—研究　Ⅳ.①F830.2

中国版本图书馆 CIP 数据核字（2016）第 225630 号

出版
发行　**中国金融出版社**

社址　北京市丰台区益泽路 2 号
市场开发部　（010）63266347，63805472，63439533（传真）
网上书店　http://www.chinafph.com
　　　　　（010）63286832，63365686（传真）
读者服务部　（010）66070833，62568380
邮编　100071
经销　新华书店
印刷　保利达印务有限公司
尺寸　169 毫米 × 239 毫米
印张　12.25
字数　146 千
版次　2017 年 2 月第 1 版
印次　2017 年 2 月第 1 次印刷
定价　38.00 元
ISBN 978 - 7 - 5049 - 8697 - 9
如出现印装错误本社负责调换　联系电话（010）63263947

前　言

一

不谋全局者，不足以谋一域。

不谋万世者，不足以谋一时。

当今我们审视全球金融发展，构建大国金融发展的战略，正面对这样一个局势。

英国现代著名历史学家杰弗里·巴勒克拉夫提出了要以"全球性目光"放眼世界才能真正理解和解释当代世界。他说："当代史的一个显著的事实，即它是世界史，而不是某些地区的历史。因此如果我们不采用全球性的眼光，就不能够理解塑造世界史的诸种力量……这意味着要对有关整个世界格局的各种传统看法和论断以重新审视与修正。"

本书并非仅仅局限于金融监管问题的讨论，而是以金融监管的重建为契机，探讨全球治理及其与G20在全球金融监管重建中的作用等一系列相关问题，重点论述全球治理体系下的金融监管重建和大国金融发展。"世界体系"概念由美国社会学家伊曼纽尔·沃勒斯坦首次提出，他在著作《现代世界体系》一书中提到，"世界体系"是一个社会体系，这一体系有不同界限、结构体、群体、法律条例以及相互依赖性，其机体包括相互矛盾的各种力量，有时通过压力在这一体系中结成一体，有时却由于不同力量的竞争使这一体系错综复杂。而全球治理背景下的金融监管重建，实质反映了世界多样化的因素和大国金融发展这样一个深刻的现实问题。

全球金融监管重建涉及的内容较多，其实质同全球治理密切相关。在今天全球发展"多极化"的背景下，全球治理面临很多值得探讨的问题。

综观世界历史，一些学者围绕全球治理提出了"战争与相对实力周期论"、"全球性战争公债与长周期论"、"帝国的规模与持续时间论"、"霸权周期论"等众多的观点和理论，试图做出一种全局性的解释和预测。然而，这些观点和理论并不足以全面反映全球治理的全貌。

二

综观世界历史，国家的崛起包括三个方面，即制造业的崛起、金融业的崛起以及民族文化的崛起。换言之，大国之崛起依赖于产业、金融和文化之崛起。而这三者也是实施全球治理的重要根基。

以公元1500年为界，世界融入了更多的全球化因素。

美国历史学家保罗·肯尼迪曾于20世纪90年代出版了《大国的兴衰》一书，书中对1500年后全球几个大国兴衰进行了深入分析。可以看到，从哥伦布发现新大陆以来的500多年间，世界舞台曾先后出现了数个"大国"，这些"大国"在世界历史舞台上随后又谢幕，让位于后起的"大国"。最初15、16世纪的葡萄牙、西班牙叱咤于地中海地区，17世纪的英、法、德、意等国风起云涌于波罗的海地区，18、19世纪的大西洋、太平洋和印度洋世界有新兴的美、日、俄等国家，20世纪的"新大陆"是一个不平静的世界，风水轮流转，世界舞台演绎着一幕幕的兴衰更替史。

1500年后的500多年来，世事沧桑，斗转星移，折射出很多世间哲理，令人慨叹，而这背后反映了全球治理的时势变迁。全球化伊始，葡萄牙和西班牙运用国家力量支持海盗组织从事经济金融活动，荷兰创立的"公司"制及合伙人制度，英国对股票及其股份公司的完善，日本以年功序列为核心的"会社"及其组织制度，美国的期权激励形式，特别是第二次世界大战后建立的国际金融体系为美国所利用，美国施压于世界银行、国际货币基金组织等全球组织以维护其全球利益，实现其全球治理的战略目标。

大国之崛起，离不开金融的强有力支持，第一次世界大战以来的100年间，曾经的大英帝国坐拥全球1/4的领土，世界上有1/3的人口福荫于米格旗下。但在20世纪，美国虽未依靠战争来扩大其主权领土，但其影响和势力范围远远超越当年的英国。美国虽然仅仅拥有全球6%的领土和6%的人口，但其国际影响力和全球治理的实力范围却超过了19世纪中期处于巅峰时期的英国。

19世纪末英国的地位随着美国的崛起而呈现衰落时，也同样是美国的金融实力提升、纽约日益成为全球金融中心之时；而华尔街的崛起、纽约成为世界金融中心之时，也是美国梦达到辉煌之时。

可见，全球治理是有着历史发展脉络和逻辑关联的。自16世纪以来，西方国家以探寻新大陆为契机掀开了全球化的序幕。一部世界金融史，也是一面大国兴衰交替、民族崛起复兴的镜子。在这面镜子中，可以看到金融对于一国经济政治的影响，一国在全球地位的变迁兴衰深深地打下了金融的烙印。英国的金本位制和美国的布雷顿森林体系正是这种情况的反映，这两种国际金融治理机制均由当时的"世界霸主"英、美两国所创建、掌控,并为其管控全球经济提供了良好的平台和机制。

以1648年《威斯特伐利亚和约》(The Peace of Westphalia)的签署为标志,西方主权国家时代的大幕拉开了。现代国际体系自形成以来就鲜明地打着以主权国家为主体的国际格局的烙印。《威斯特伐利亚和约》也成为全球治理史上世界秩序构建原则的发端和里程碑。而在这一进程中,以修昔底德、霍布斯、马基雅维利、马丁怀特、汉斯·摩根索和华尔兹等学者的现实主义理论影响至深。他们认为,国家之所以稳定是因为有一个强有力的政府,而国际社会能够爆发冲突根源于无一实力堪当的国际政府管理彼此争端,各国遂争相增强自身实力,其结果导致国际决策均以保障一国的安全与利益为前提。现实主义相信"性恶论",认为主权国家只有足够强大,才可能彼此相安甚至削弱他国实力。世界秩序因此常常面临安全困境,甚至陷入永无休止的恐怖、极端主义和无尽的战争。这或许就是今日欧美诸国主导下的全球治理的问题根源。

三

今天,我们需要一个新的全球治理模式,我们需要对金融的发展进行反思,需要在新的全球治理模式下对金融监管进行重建。

全球金融监管重建是全球治理模式的内容之一。全球治理是为了顺应世界多极化趋势。当前的国际形势需要加强对全球事务的协调和管理。从1990年勃兰特明确提出"全球治理"的概念至今,全球治理无论从理论上还是从实践上都发生了诸多变化。

世界金融史的形成与发展,为我们揭示出东西方文明源远流长的金融史,描绘出一幅栩栩如生的人类金融的历史画卷。

纵观中华文明、阿拉伯文明、古埃及文明和古伊斯兰文明，从这些文明的发展中都可以看到金融的身影，它不仅凝结了古代人民的勤劳、勇敢和智慧，而且彼此学习和汲取了各自先进的科学技术和优秀的精神文化成果。可以说，一部世界金融史，就是人类高度发展的丰富多彩的古代文明的缩影。

中国作为一个文明古国，从春秋战国时期起，经济、社会、外交业已得到了长足发展，并在全世界处于领先的地位。远在春秋战国时期（甚至是商周时期），古代中国就与欧亚大陆其他国家业已存在着贸易活动。

公元前1世纪前后，在亚欧大陆的东西两端，同时出现了两位雄心勃勃的帝王，即中国的汉武帝和罗马帝国的恺撒。汉武帝派大军远征匈奴，派张骞出征西域。汉帝国打通了西域的丝绸之路，罗马的疆土也一度扩张到欧洲的西北部。公元91年，汉朝大军直捣匈奴部落腹地，大部分匈奴人穿越大漠西迁，《汉书》的作者班固记载了这次大捷。

自汉唐之后，这种贸易活动逐步变成由官方主导甚至垄断，贸易规模和范围不断扩大，鼎盛时期遍及欧亚大陆，甚至包括北非和东非。历史悠久的"南方茶路"和北方草原贸易路线，以及自宋、元开始的海上贸易路线。中国古代秦汉至唐宋这条贸易线上交易的大宗商品是丝绸，故命名为"丝绸之路"。

伴随商品贸易和人员交流，丝绸之路沿线各国的文化相互借鉴，产生了灿烂的文明。史实已经表明，历史上"丝绸之路"主要存在于和平时期（战乱时丝路往往中断），而且商品贸易的往来，促进了经济金融活动，也提升了文化的深层交流，进而促进了共同繁荣，其中的内涵可以归结为和平、友谊、交往和繁荣。

随着20世纪80年代以来的中国改革开放，中国经济高速发展并对世界经济发展做出了巨大贡献，也改变了世界经济的格局，同时对现行全球治理模式发出了自己的声音。改革开放之初，中国国内生产总值占世界的份额只有5%左右；出口额占世界的比重不到1.5%。中国2010年成为世界第二大经济体，2013年成为世界第一大货物贸易国。国家统计局初步核算，截至2015年，全年国内生产总值为676 708亿元，按可比价格计算，比上年增长6.9%，中国GDP占世界的份额已上升到20%左右。与此同时，自2008年全球金融危机以来，中国对世界经济增长的贡献率一直保持在30%左右。

从更长的历史时期来看，过去30多年中国经济的崛起是近100年以来世界经济格局的最大变化，也是300年来世界格局变化中屈指可数的重大事件。随着中国的崛起，目前东亚地区经济总量占世界的比重已经超过美国。

丝绸之路既是古老的，又是年轻的。"一带一路"将是新型全球治理的体现和探索。

四

二十国集团（G20）机制是为解决2008年全球金融危机而产生的，但二十国集团（G20）机制的发展远远超越了金融领域。

2009年6月17日，奥巴马政府公布了《金融监管改革白皮书：新基础》，由此拉开了美国自1932年以来最大规模的金融监管改革大幕。随着金融危机的全球扩散，金融监管的全球协调日益重要。于是，金融监管也诉诸新出现的二十国集团。

随着二十国集团（G20）作用的不断显现，新兴经济体开始在全球治理和推动相关制度与机制创建中发挥重要的建设性作用，促进国际政治经济体制朝着更加合理的方向发展，为世界开辟更宽广和可持续的发展道路。这种作用同样在金融监管领域发挥积极的作用。

应当强调的是，今天的全球经济治理与以往的国际对话谈判不同，其核心不是一种利益的交换和平衡，而是为了维护人类的共同安全，促进人类的共同发展而出现的一种对新秩序建构的过程，它推动着全球化朝着均衡、普惠、共赢方向发展。实现全球经济治理，理当放弃霸权和冷战思维，国与国之间要相互尊重、平等互利，各国包容性增长，创建和谐世界。

新时代的全球治理不等于"西方治理"，也不等于大国治理。它的核心是国际社会各方要普遍参与、普遍受益，方式应当是平等协商、合作共赢，平台主要是以联合国为代表的多边机制，依据是公认的国际法、国际关系准则和惯例。

冷战结束后，全球市场统一，金融全球竞争上升为时代的主题。作为美国的主要竞争对手，欧洲的金融机构多属于可兼营证券、保险等业务的综合银行集团，具有较强的国际竞争力。在此前提下，美国若想参与全球金融竞争，就必须放松对银行的业务范围管制，为银行展开全方位金融服务提供条件。正是在这样的背景下，美国1933年制定的"分业经营"模式，逐渐得到改革，尤其是1999年美国新银行法进一步允许"金融持股公司"成立，"分业经营体制"得到了较为彻底的改革。而20世纪80年代后半期，"大而不倒"的理念主宰于国际金融领域，发达国家的各类巨型跨国金融机构不断发展，欧美银行、证券、保险集团逐渐走向了综合化和巨型化的道路。

对此，G20峰会也从国际金融系统稳定角度，主张对重要的金融机构实施特别的国际协调监管。这种迎合多方愿望的金融监管改革框架，将对全球金融监管变革和全球治理产生重要的影响。

无论是国际金融组织 IMF、世界银行，还是区域性的金融组织、各个国家的金融监管机构，都在探讨国际金融体制如何改革，各国的监管体制如何监管。G20 就是国际金融危机发生以后的全球金融监管的一个新型重要机制。

或许从 G7、G8 到 G20 的出现，某些西方国家的初衷是为了维护和延续其国际体系主导权，并非完全出于顺应世界经济多元化、国际政治多极化这一时代趋势的要求。简言之，G20 实质上是发达国家审时度势最大化国家利益的一种途径。然而，这也从一个侧面反映了当今世界发展的潮流和趋势。面对恐怖主义、霸权主义、军国主义等全球性挑战，维护世界和平面临新挑战，加强全球安全治理需要新思维新方案。

2016 年 4 月 1 日，习近平在华盛顿出席伊朗核问题六国机制领导人会议时指出："当今世界仍不太平，国际热点此起彼伏，加强全球安全治理刻不容缓。"

同年 7 月 1 日，习近平在庆祝中国共产党 95 华诞时指出："什么样的国际秩序和全球治理体系对世界好、对世界各国人民好，要由各国人民商量，不能由一家说了算，不能由少数人说了算。"近一段时期以来，南海的安宁与和平受到了极大挑战，一些国家兴风作浪，上演南海仲裁案闹剧，践踏国际法，更加凸显出全球安全形势的严峻性，也提醒爱好和平的人们要以正确的方式解决全球安全治理问题。

我们虽然处于一个风云变幻的时代，但和平发展、合作共赢仍然是时代潮流。旧的殖民体系土崩瓦解，冷战时期的集团对抗不复存在，任何国家或国家集团再也无法单独主宰世界事务，这就要求各国，特别是大国必须在全球或区域治理问题上协调合作。

作为 21 世纪的大国，必须以历史的眼光审视问题，从战略的高度思考问题。唯有此,才能实现一个持久和平、共同繁荣的和谐世界。

我们处在同一个世界,生活在同一个地球,和平、发展、合作、共赢是时代潮流,不可阻挡。不管是大国小国,都应树立命运共同体意识,顺应时代潮流,坚持同舟共济,为人类社会应对21世纪的各种挑战做出自己的贡献,共建全球安全新体系,而全球金融监管重建应是构建全球安全新体系中重要的组成部分。

目 录

第一章 导论 ……………………………………………………… 1
 第一节 全球治理与金融监管的思考 ……………………………… 1
  一、全球化早期金融危机与金融监管的博弈 …………………… 1
  二、金融监管背后的全球治理反思 ……………………………… 10
 第二节 选题背景、文献综述与结构概况 ………………………… 21
  一、选题背景与意义 ……………………………………………… 21
  二、金融危机与金融治理问题的文献综述 ……………………… 25
  三、各章内容简介及全书结构 …………………………………… 39

第二章 金融全球化与全球治理 …………………………………… 41
 第一节 金融全球化 ………………………………………………… 41
  一、推动金融全球化的因素 ……………………………………… 41
  二、金融全球化的利弊 …………………………………………… 45
 第二节 金融全球化下的协调机制 ………………………………… 47
  一、金融全球化的国际协调 ……………………………………… 47
  二、特别提款权与国际货币体系改革 …………………………… 53
  三、巴塞尔协议章程及其修订 …………………………………… 57
 第三节 二十国集团与全球金融治理 ……………………………… 62
  一、二十国集团（G20）机制的建立 …………………………… 62
  二、G20峰会的形成与全球金融治理 …………………………… 65
  三、G20中全球性大国的竞争与合作 …………………………… 67

第三章　全球治理下的金融监管重建

第一节　布雷顿森林体系的建立与美元的霸主地位 ………… 71
一、国际货币体系的瓦解和货币集团的形成 ……………… 71
二、第二次世界大战后美国对欧洲的援助 ………………… 75
三、世界金融中心的转移 …………………………………… 77
四、凯恩斯与怀特的争论 …………………………………… 79
五、布雷顿森林体系的建立 ………………………………… 82
六、布雷顿森林体系的内在矛盾 …………………………… 85

第二节　持续而频繁发生的金融危机 ………………………… 87
一、20 世纪 70 年代的金融危机 …………………………… 87
二、20 世纪 80 年代的金融危机 …………………………… 89
三、20 世纪 90 年代的金融危机 …………………………… 95
四、21 世纪前 10 年的金融危机 …………………………… 113

第三节　全球金融监管的重建 ………………………………… 131
一、国际金融监管章程及其修订评析 ……………………… 132
二、国际金融监管的进一步协调与变革 …………………… 142

第四章　大国金融的发展 ………………………………………… 152

第一节　西方主要国家的金融发展及其监管 ………………… 153
一、金融危机后主要国家监管架构的变迁 ………………… 153
二、西方主要国家金融监管简评 …………………………… 161

第二节　"金砖国家"的金融监管 …………………………… 164
一、危机前后"金砖国家"金融监管体制概述 …………… 164
二、"金砖国家"金融监管的启示与借鉴 ………………… 170

结束语　中国与全球金融治理 …………………………………… 174

参考文献 …………………………………………………………… 177

第一章 导 论

人类自从有了金融活动的历史，就有了金融危机的历史；有了金融危机的历史，也就伴随着金融监管的历史。而在全球化背景下，金融监管实质是全球治理的重要构成要素。要构建新型的全球治理，金融监管的重建具有举足轻重的地位。

第一节 全球治理与金融监管的思考

一、全球化早期金融危机与金融监管的博弈

从金融史考察来看，金融监管是与金融危机相联系的。从时间的角度来看，无论何时发生金融危机，金融监管立刻成为人们关注的焦点。如1913年以前，美国金融体系的危机层出不穷，从而导致美国联邦储备制度的建立。1929年的经济大萧条使得美国国会于1933年制定并通过了《格拉斯—斯蒂格尔法》。1997年的东南亚金融危机使全球各主要发达国家出台了金融法规和金融改革措施。同时，金融管制也是一个动态的发展过程，其管制的重点、范围、手段必须随着金融形势的变化不断调整。艾伦·加特将美国金融管制

的演进过程概括为，管制、放松与重新管制（艾伦·加特，1999）。我国学者席涛称其为，复杂的市场、细致的变法、漫长的改革。

从金融全球治理的发展看，金融监管可分为以下几个阶段：

（一）金融监管从国别到国际的发展

1. 中央银行的成立与金融监管的雏形。

14世纪到15世纪意大利的威尼斯是银行业的发源地。从金融历史来看，早期最普遍的危机是对单个商业银行的挤兑。银行业产生以后，各商业银行为了争取利润，竞争加剧，在步步升级的挤兑风潮下，最后必然发生金融危机。限于当时金融市场主要是在银行业中发生的，因此早期解决金融危机的办法是成立担当"最后贷款人"职责的中央银行。

早期的金融监管在某种意义上说是同金融危机相联系的，是金融危机的发生催生了金融监管制度。典型的例子可追溯到17世纪初英国著名的"南海泡沫"案、18世纪初法国的"密西西比泡沫"事件，甚至更早的荷兰"郁金香狂热"。1720年6月20日生效的英国《泡沫法》可以说是世界金融史上政府正式实施金融管制的一个标志。中央银行制度的产生和发展也与金融监管直接相联系。从时间上看，1694年成立的英格兰银行并非世界上成立最早的中央银行，但英国英格兰银行的成立却是完整意义上的、具有典型中央银行特征的资本主义中央银行成立的标志，甚至英格兰银行成立的最初动机就是以防范银行挤兑为初衷的。此后，中央银行成为防范金融危机的有力武器，中央银行伴随金融发展在各国先后成立。在经济界，中央银行制度的诞生一度被认为是继火和轮子之后人类最伟大的发明之一。

中央银行制度确立以后，全球商业银行最严重的一次危机发生在1929年的美国，由此导致了美国历史上有名的大萧条（The Great Depression）。20世纪30年代之前的金融监管很少直接干预金融机构的日常经营行为，更不对调节利率等的金融服务和市场价格进行直接控制。当时的金融监管关注的重点尚在宏观金融调控领域，还没有深入银行经营管理的微观层面，对银行资本金、表内外业务、贷款细则等方面的认识还不够深入。从方法和手段上讲，这一时期的金融监管比较尊重市场选择的结果，基本上不使用行政命令，而是强调自律；在市场准入、业务范围等方面也已经有了认识，不过，其准入标准或限制标准也类同于公司法的规定，整体来看相对宽松、相对灵活。

中央银行制度的普遍确立是早期金融监管理论和实践的起点，有关金融监管的理论也由此初步形成。从金融监管的机构来看，早期金融监管的执行机构也是中央银行。

古典经济学和新古典经济学是反对政府干预的，持该理论的经济学家认为货币是"中性的"，对经济没有实质性的影响。当统一货币发行和统一票据清算以后，货币信用的不稳定问题仍没有消失，许多银行常常由于不谨慎的信用扩张而引发金融体系连锁反应式的波动，进而引起货币紧缩并制约经济发展。这就与古典经济学和新古典经济学的"货币中性"主张明显相悖。因此，作为货币管理者，中央银行逐渐开始承担起信用"保险"的责任，同时作为众多金融机构的最后贷款人，中央银行为金融机构提供必要的资金支持和信用保证，其目的是防止因公众挤兑而造成银行连锁倒闭和整个经济活动的剧烈波动。尽管这些关于金融和中央银行的理论同现在的金融监管理论相比，仍显出其幼稚的一面，也很难算得上是完整的金融监管理论，但这些思想和理论却为中央银行后来自然演变为更加广泛的金融活动的决策制定者、执行监管者奠定了理论、组织和实践的基础。

1863年美国成立了通货监督局，国会通过了《国民货币法》，其中有许多有关规范银行业务活动的规定。在这些规定中涉及金融监管领域的规则尽管零零星星，对商业银行的经营管理还不系统、不深入，但仍可以说这是世界上最早以法律形式确定的金融监管制度，这也标志着在防范金融危机的进程中，通过设立中央银行这一专属管理机构，进而通过立法来行使金融监管职能的升华。次年，美国又对该法加以修正并更名为《国民银行法》，其宗旨是确立联邦政府对银行业监督和干预的权威，建立统一监管下的国民银行体系以取代分散的各州银行，从而协调货币流通，保证更广大区域下的金融稳定。为了防范金融风险，美国国会又于1913年通过《联邦储备法》，这是自《国民银行法》颁布半个世纪以后，美国金融监管领域最富革命性的进展。

从金融监管的历史可以看出，无论是从学理或学术争论中，抑或是从西方社会历史和现实中，完完全全的"自由市场制度"从来就不存在，或者"从来就不曾是纯粹的自由放任"的市场经济。从人类数百年的金融危机史中，可以看到，没有哪一个市场经济能够完全避免金融危机的发生；也没有哪个国家、哪个政府会让自由市场放任自流，任凭金融危机蔓延。现实中，市场或多或少地要受到一定的金融监管、金融治理制度和政府政策的影响。而一国对于金融危机的处置也会受他国或多或少的影响，进而形成和影响了区域或全球的金融监管政策取向。

美国一方面号称是世界上最自由的经济体，实行完全的市场经济；但另一方面，也可以看到，美国从来就不曾放弃过对自由市场的干预和管制，只不过这种干预和管制的程度是根据其经济金融运行的实际情况和要求，特别是国家战略和国家利益不时做出调整和修改的，其政府管制的范围和干预的程度有轻重缓急不同而已。

2. 金融监管的变迁背后是国家利益的博弈。

在"赌场资本主义"（Casino Capitalism）环境下，中央银行制度的产生，并没有消灭金融恐慌、金融动荡和金融危机。相反，银行和金融的发展反而提升了金融危机的爆发，从发生的频率、范围、深度等方面来看，金融风险不断增大，危机依旧四伏，金融危机造成的祸害也更为严重。特别是在金融全球化时代，原本是一个商业银行的局部问题，然而经过不断的积累放大，在金融自由化、全球化的推进下，银行问题反而演变为一国的金融危机，甚至是全球的金融危机问题了。这是金融危机逐步成为影响全球经济金融的一个鲜明特点，也从侧面印证了全球治理中金融监管所居的地位之重要。

早期的金融危机是从金融领域的某一行业发生的，所以，当时的金融监管最初也是针对银行业、证券业和保险业实行的"分业监管"。20世纪30年代的大危机一方面表明了金融业的不稳定；另一方面，也与当时的金融监管有关。最为典型的是1933年的经济大危机，这次经济危机首先表现为银行危机，其间美国银行业遭受了沉重的打击[①]，而后发展成为全球性的经济危机。

美国当局反思这场金融危机简单地认为，阻断了金融业各行业之间的通道，就能阻断金融危机。于是，1929—1933年那场金融危机后出台了旨在分业经营的《格拉斯—斯蒂格尔法》（Glass - Steagal Act，即《1933年银行法》），这部法律成为美国金融监管从自由发展走向全面监管的分水岭，并成为20世纪90年代前影响美国金融监管发展的三个重要法案之首。

---

① 当时美国大约有11 000家银行倒闭或被兼并，占当时美国银行总数的40%，银行总数由25 000家锐减到14 000家。

痛定思痛，金融危机过后人们开始从制度方面进一步完善金融监管。整个20世纪30年代，美国都在致力于建设与完善以银行监管和证券监管为主体的金融监管体系。这三个法案构成了这一时期美国实行严格的金融监管的立法基础，美国金融业一度以其严格的金融监管而蜚声全球。不过，在摒弃市场原教旨主义的同时，金融监管也出现了从一个极端走向另一个极端的现象，那就是从放任市场转变成过度的金融干预和管制。

1933年金融危机后的美国金融监管，一方面积极从立法角度完善金融监管；另一方面，出于对金融业安全的考虑还纷纷掀起了设立各种金融监管机构的浪潮。比如美联储（FRB）、财政部（OCC）、美国储蓄管理局（OTS）、联邦存款保险公司（FDIC）、证券交易委员会（SEC）等。众多的金融监管机构成为今天美国金融监管体制的滥觞。从美国金融监管体制分析来看，美国现行的"双重"、"多头"的金融监管模式，也是这一时期奠定的。

今天我们回顾美国金融监管体制，受历史、经济、政治以及文化等因素的影响，美国的金融监管体制利弊皆有、褒贬不一。从好的方面讲，美国这种金融监管模式曾为世界各国提供了一个"榜样"，也确实在一定程度上预防了金融危机的发生，提高了金融监管的效果。但与此同时，由于美国金融监管的"双重多头"特点，也给金融机构的高风险运营提供了土壤，至少在联邦和各州之间存在着金融监管真空和监管漏洞。这一点又同美国的司法制度有关，联邦和各州援引的法律不一样，对金融监管的对象、范围、责任等方面也不相同，这些都为金融机构进行金融监管"套利"提供了极为便利的条件和可能。然而，无论如何，透过这些金融监管的变革和完善，可以看到美国政府对金融监管与本国金融发展的重视。而这些代价背后实质上反映了对本国利益的重视。

这一时期的金融监管理论建立在对市场不完全确认的基础上，主要以讨论规模经济与自然经济、不确定性与非理性预期、银行体系的外部性影响、银行服务的公共品性质等为主。此前由于过度相信市场的调节功能，认为市场是"万能"的，金融监管自然不需要去破坏市场的自动调节。然而，一系列的事实重创了"市场万能论"的根基。特别是1936年凯恩斯发表的《就业、利息与货币通论》一书，使"看不见的手"理论受到打击。此后，凯恩斯的宏观经济理论在西方经济政策中日益占据支配地位，金融监管重新复归，中央银行的货币管制已转化为货币政策，并服务于宏观金融调控的目标，对金融机构具体经营行为进行干预的理论则成为这一阶段金融监管理论的主要内容。这些理论为20世纪30年代开始的严格、广泛的政府金融监管提供了理论支持。政府金融监管的水平也进入了一个全新的时代。

这一阶段金融监管理论主要基于凯恩斯主义经济理论，对市场经济有了一定的认识，这为20世纪30年代开始的严格而广泛的政府金融监管提供了依据，并成为第二次世界大战后西方发达国家对金融领域进一步加强管制的主要论据。不过，即使凯恩斯主义的回归，也并不完全意味着"新自由主义"经济学的终结。在西方国家中，市场主导原则和市场自由发展环境仍是金融体系运行的基础，金融监管也自然处于这样的环境和约束之中。对于如何恰如其分地进行金融监管仍然是两派争执的焦点，在如何保持金融监管的度上一直是理论和实务部门探寻的一个重要课题。

（二）在金融监管的全球化中寻求本国的利益最大化

人类对金融危机与金融监管的认识，经历了一个曲折的、螺旋式的认识过程。面对金融监管的两难选择（即金融创新与金融监管、效率与安全的），在这一反复中，对于金融监管与本国利益的认识也在逐步深化。

当金融监管持续到20世纪70年代，各国出于金融发展和利益的考虑，要求放松金融监管的呼声开始显现。一段时期甚至认为，广泛和直接的金融监管对金融发展是过度和压制性的，并认为金融监管直接损害了本国金融机构和金融体系的效率与发展。于是，在金融自由化浪潮的推动下，各国普遍放松金融监管，甚至取消了一些被认为是"过期的、无效的"、"阻碍金融发展"的金融监管措施，直接的行政性干预也被放弃，金融机构开始享有更大的经营自由，跨地区综合经营成为一种趋势和时尚。

20世纪70年代，各国的经济滞胀加速了金融自由化的发展，而个别发达国家要早于此。当时，由于高通货膨胀率和金融市场的创新活动，不少发达国家，如英国、加拿大、法国、丹麦、瑞典等都采取了一些放松金融监管的措施，这些措施主要包括取消贷款和金融批发业务的利率限制，取消不同类型金融机构跨行业经营的限制，放松国际信贷监管等。这一时期发达国家和地区在金融监管方面的改革包括机构的调整和相关法律的修改[①]。发展中国家的情况虽然有所不同，在放松金融监管的程度和时间上有所不同，但整体趋势也是步发达国家之后尘，几乎在同一时期走上了金融自由化的道路。

客观地分析，放松金融监管的理论并不是对政府金融监管的全面否认和摒弃，而是要求政府的金融监管做出适合于效率要求的必

---

① 20世纪80年代至90年代初期，美国银行改革包括四个重要的法律：《1980年存款机构放松监管和货币控制法》、《1982年存款机构法》、《1987年银行业平等竞争法》、《1988年金融机构改革、复兴和实施法》。1999年11月4日，美国国会参众两院通过了以金融混业经营为核心的《金融服务现代化法案》，该法案又称《格朗—利奇金融服务现代化法案》（Gzamm - Leach Financial Services Modernization Act），从而废除了长期奉行的单一州原则和1933年制定的《格拉斯—斯蒂格尔法》，金融业跨地区综合化混业经营得到了法律上的确认。

要调整和改革，但这种背后实质更多的是出于各国利益的考虑，甚至是基于"以邻为壑"的金融监管选择。在这方面比较有代表性的就是麦金农和肖对国际资本流动与一国的金融信用自由关系的分析。"金融压抑"和"金融深化"理论是放松金融监管的基本理论，其核心主张是放松对金融机构的过度严格管制，特别是解除对金融机构在利率水平、业务范围和经营的地域选择等方面的种种限制，恢复金融业的竞争，以提高金融业的活力和效率。

麦金农金融抑制或金融深化理论被称为第一代金融发展理论。麦氏的理论实质是为西方政府维护本国的金融利益和国家利益鸣锣开道。麦金农认为，政府通过银行管制利率限制了金融部门发展，阻碍了经济增长。要实现经济增长，只有实行全面的金融自由化。他在《经济市场化的秩序——向市场经济过渡时期的金融控制》一书中还对这一问题做了动态化研究，提出了财政控制应优先于金融自由化的论断。麦氏的金融控制理论是一种财政和货币控制理论。该理论指出，转型时期的政府靠发行货币来取得资源将导致通货膨胀，进而不会导致实际的金融与经济增长。

西方国家为了本国利益，放松了金融监管的环境。任何一次金融危机，背后都有其自身的原因。因此，从某种意义上说，任何一次规模巨大的金融危机，都是金融制度、金融体系自身缺陷的大暴露；而每一次金融危机，又都为金融界反思与改进提供了机会，而每一次金融危机之后的金融监管也是一次全球利益的博弈。

仅从20世纪和21世纪交替前后10多年时间，从1997年亚洲金融危机以及后来的俄罗斯金融危机，到2001年以阿根廷为代表的南美洲金融危机，再到2008年美国次贷危机演变成的全球金融危机，一次又一次的金融危机以及由此引发的经济倒退甚至政治危机，使人们迫切地希望对金融机构进行系统、有效的金融监管，并上升到了重建金融监管的高度，甚至对现行的全球治理提出了质疑和挑战。

二、金融监管背后的全球治理反思

2008年爆发的金融危机给金融自由化敲响了"警钟"，也暴露了全球金融体系和金融监管以及全球治理等方面存在的问题。通过反思，人们认识到金融危机背后，不仅仅是金融监管与金融危机的关系，还与现存的全球金融体系和金融监管制度，甚至全球治理体系有关。于是，G20峰会机制以国际经济协调者姿态亮相全球治理舞台。除了加强国际宏观政策协调、推动国际货币体系改革等使命外，G20还与金融稳定理事会（Financial Stability Board）等众多国际金融机构共同推动升级各类行业标准，加强金融监管，以图逐步走出危机。G20的全球经济治理合作伙伴包括巴塞尔银行监管委员会、国际证监会组织等机构，所有这些都是重建金融监管的希冀所体现，它所追求的是符合21世纪经济发展和金融稳定的金融监管的新型的全球治理体系。

（一）现行国际金融体系的弊端

虽然人类发展已经有几千年的历史，市场经济也有几百年的历史了。尽管市场经济条件下会导致金融危机的发生，甚至频率不断。但迄今为止，人们依然未找到一种比利用市场机制来对金融资源进行配置的更好方式。也许在国家存在的情况下，特别是在金融全球化的背景下，国家与国家、国家与地区、地区与地区之间对金融资源的占有和争夺越发明显和激烈，在这种背景下金融监管就不仅仅是一个对金融的监管问题，而是背后反映着对全球资源的管理和控制问题，即体现着国家的利益和战略。显然，由于金融市场之间的竞争日趋激烈，谁对金融监管严格，这个金融体系受到的限制就多，其发展就不如别的金融监管宽松的地方。所以，在金融监管面前各国都面临着两难悖论，要么加强金融监管，但过度的监管又会将金融资源驱赶到对其限制更为宽松的地方，从而损害该国或地区的金融竞争力[①]；要么放松金融监管，但不受监管的金融运行又往往会导致金融危机的发生，这也会在一定程度上损害该国或地区的金融发展。因此，金融监管是一个全球性的问题，是全球治理的题中应有之义。

第二次世界大战结束后所建立的国际金融体系彰显了美国的全球利益和战略。1944年为建立战后国际金融体系，全球44个国家和地区的代表在美国酝酿并最终确立了布雷顿森林体系，即"以美元为核心"的金汇兑本位制，这种"双挂钩"体制确立了美元在国际金融领域的霸主地位。其具体内容是黄金与美元相挂钩，其他国家的货币与美元相挂钩。根据1944年7月布雷顿森林会议签订的《国际货币基金协定》，国际货币基金组织（IMF）于1945年12月27日在华盛顿成立，与同期成立的世界银行并称为两大全球性金融机构，其职责是监察货币汇率政策和各国贸易情况，为成员国提供技术和资金协助，确保全球金融体系正常运作。

作为世界贸易组织的前身，关税及贸易总协定（GATT）是布雷顿森林会议的重要补充，与其各项协议一并统称为"布雷顿森林体系"。由于资本主义市场经济的非平衡性，以美元为中心的国际货币制度缺陷日益显露，金汇兑制、储备制度、国际收支调节机制等内在缺陷，合力将布雷顿森林体系推向崩溃。美元停止兑换黄金

---

① 李扬、全先银. 危机背景下的全球金融监管改革：分析评价及对中国的启示[J]. 中国金融，2009（17）.

和固定汇率制的解体，标志着战后以美元为中心货币体系的最终瓦解，但之后国际货币基金组织、世界银行以及关税及贸易总协定仍然各司其职。1995年，关税及贸易总协定更名为世界贸易组织（WTO），统领多边及诸边贸易协定的制定、监督、管理及执行事宜，成为解决全球性贸易问题的首要机制。

从布雷顿森林体系确立伊始，由于美国经济竞争力的逐渐减弱，其国际收支开始趋于恶化，出现了全球性"美元过剩"情况。各国纷纷抛出美元兑换黄金，美国黄金开始大量外流。到了1971年，美国的黄金储备已经无法支撑日益泛滥的美元了，尼克松政府被迫于1971年8月15日，宣布放弃按35美元兑1盎司黄金的兑换"官价"，实行黄金与美元比价的自由浮动。

欧洲经济共同体和日本、加拿大等国也宣布实行浮动汇率制，不再承担维持美元固定汇率的义务。这样，美元不再成为各国货币围绕的中心。布雷顿森林体系的瓦解使得世界经济产生了新的变化，"双挂钩"模式行不通了，各国货币也停止与黄金挂钩，货币也仅仅成为一种单纯的"符号"。这就为金融危机的发生提供了现实可能，而在这一点上，目前的金融监管领域还无法触及其最本质的地方。在金融监管的理论和实践方面，人们还面临着全球多极化、金融监管的博弈和协调等方面的问题。但无论如何，变革现行的全球金融体系，重建金融监管需要各国做出努力。重建金融监管就是要变革现存的国际金融体系，向着更公平、协调好各国意志的方向发展。

其次，现行的国际金融体制为美国的经济运行提供了便利，特别是"经常项目"持续逆差，也使得金融危机的发生成为可能。在战后的20世纪五六十年代，美国经常项目一直是顺差，金融项目一直是逆差，以汽车、钢铁和建筑为标志的美国"三大支柱产业"支撑着美国的经济。布雷顿森林体系的崩溃,使得美元可以不受黄金储备的约束而肆意流出本国,从1982年美国经常项目出现逆差至今,这种状态持续了三十多年。美元现金通过经常项目逆差流出美国,买回其他国家的产品和资源,并成为劳务和产品的净进口国家。同时,通过资本金融账户又把"其他国家购买了美国债券等金融资产"流回美国,这又使得美国成为债务和金融资产的净出口国家。

换言之,通过这种不合理的金融体系,美国一方面消费了别国的资源、商品和劳务等;另一方面,又通过其他国家购买美国的金融资产而获得了更多的收益。这种"里外得便宜"的模式,加剧了金融资产不断获得收益,又促使了美国境内的债券、股票、房地产等虚拟资本迅速膨胀,在人性欲望无节制、金融监管不到位的情况下,"金融危机"又怎能不发生呢?归根结底,这种不合理的全球金融运行体制决定了金融监管在金融危机面前的无能和苍白。金融监管如果不从这个方面进行深入的变革和调整,金融危机仍将面临着再次发生的可能。

再次,全球经济金融治理机制也是金融危机的催化剂。20世纪70年代开始的经济产业结构大调整和80年代开始兴起的企业重组浪潮使得高科技产业迅速崛起。当代经济中,新兴产业要获得起步和发展,需要有适当的金融市场做支撑,这些金融市场要符合经济发展要求、提供更多金融服务,而且在规模和自我调节等方面都要好。但一些新兴市场国家和经济转轨国家,并不完全具备这样的条件。它们原来由行政与计划下达、由财政资产予以拨款或支出的企业资金,现在都需要金融市场的运作来满足;而股份制公司的建立与改制,也需要大量的金融资产交易。这在一定程度上也助长了金融危机的发生。

最后，对金融创新和虚拟经济的监管不力也为金融危机提供了可能。随着金融业的不断发展和创新，金融业地位的不断上升，现代金融业发生了很大变化。金融业逐渐演变成了知识密集、人力资本密集和信息密集的现代服务产业。随着金融产品的不断创新，虚拟资本形式也在增多，使得虚拟经济发展更为迅速。从金融监管的实践来看，人们对于虚拟经济的监管还处于一个逐步探索和认识的阶段，在对虚拟金融领域的监管中还有很多东西需要深入的研究和探索。对虚拟金融的认识不足和金融监管不到位，也为金融危机的发生和蔓延提供了可能。

（二）西方金融发展理论的缺失和不完善

由于金融监管是一种与市场经济自发运动相对应的政府行为，因此，金融监管理论渊源是与"看不见的手"和"看得见的手"两派观点的对峙相联系的。金融监管理论的每一次发展变化都深深影响了金融监管实践。

1776年，亚当·斯密出版了《国富论》，书的出版使"看不见的手"成为市场经济的准则，以此作为范式和基础、崇尚自由放任政策的古典经济学也得以开创。19世纪70年代的"边际革命"和瓦尔拉斯一般均衡模型的创立，使建立在对古典经济学"扬弃"基础上的新体系——新古典经济学发展起来，并成为当时经济学的主流学派。这一学派的建立对早期金融监管的影响也是深远的，以至于在相当长的一段时间里，金融领域受崇尚自由放任政策的影响，鲜有提及金融监管的思想，认为金融监管是同市场经济背道而驰的。这也在一定程度上反倒使得金融监管成为不太"体面"的学说了。

到了20世纪30年代，凯恩斯主义经济学是"政府干预经济"

与"自由放任经济"的一次交锋,以政府干预经济的凯恩斯主义经济学说在其后的时间里占据了优势地位。这为金融监管提供了一定的发展空间。特别是从实践看,金融危机和经济危机的发生,使得人们从理论和实践方面能够冷静地对待金融监管,能够认识到金融监管的真谛。

第二次世界大战后,保罗·萨缪尔森把新古典经济学的微观经济理论与凯恩斯的宏观经济理论联系起来,形成了"新古典综合理论",并成为20世纪五六十年代经济学的正统。

目前,它与新古典宏观经济学形成鼎足之势,在这场对峙中,二者不是越发分裂,而是日益融合。在政府干预方面,双方的分歧已经不再主要是政府干预应不应该,或有无干预的必要,而是集中于政府干预的范围、方式和有效性方面,因为市场的不完善性已经得到了双方的基本认同,在金融市场中存在着信息的不对称性与不完全竞争,金融体系处于市场经济的中心环节,金融市场同其他市场一样也有其不完善之处,金融业面临着比一般行业更大的风险。因此,需要政府干预,需要有效的金融监管规范市场行为,保持金融稳定。

不过,20世纪主流经济学对政府是否要干预宏观经济也经历了反复。在这一背景之下,直接涉及政府干预的金融监管理论也随着争论双方势力的变化而发生变化。20世纪六七十年代,货币主义、供给学派和理性预期学派先后兴起,它们通过对新古典经济学的重新表述、补充、修正和改造,证明了市场机制"自然秩序"的存在和有效性,极力主张减少国家干预,实行自由主义的经济政策。

这种经济自由主义思潮也影响到了西方政府的经济政策,并渗透到了货币政策和金融监管方面。20世纪80年代,美国政府在里根执政时期所兴起的新古典主义经济就是这种思潮的体现。在这种思潮的影响下，人们普遍认为：市场是最有效率的制度，应当尽量取消对市场行为的约束，政府更不应当对市场进行管制。于是，在美国的金融监管实践中，这类政策集中表现为"放松管制"，具体表现就是过于相信自由市场的自我约束和自我调整能力，在推动金融自由化和金融全球化的进程中，对金融监管持松懈态度。这一点从时任美联储主席的格林斯潘的言行中可窥见一斑。格氏崇尚自由经济，非常信任华尔街精英的"金融创新"，热衷于支持发展金融衍生产品，其最醒目的"成果"就是说服国会废除了大萧条时代对金融业实行严格的分业监管和分业经营的《格拉斯—斯蒂格尔法》。1999年美国国会废除了《格拉斯—斯蒂格尔法》，并通过了《金融服务现代化法案》，推行金融自由化，进一步放松了金融管制。

西方经济学家认为，经济管制可以被看做一种产品，因为政府的强制力量可以被用来给特定的个人或集团带来有价值的收益，所以管制可以被看做是由政府供给、为特定个人和集团所需求的产品。它同样受供求法则或规律的支配，现行的管制安排是供求两种力量相互作用的结果。

对管制经济理论研究得深刻的当推诺贝尔经济学奖得主乔治·斯蒂格勒。斯蒂格勒把他对政府管制的研究称为"经济管制理论"，并因此创立了管制经济学。早期的管制经济学主要研究所谓"自然垄断产业"的进入和定价问题。尽管金融监管本身并不等同于一般性的政府管制，但是，由于金融体系的稳定可以被看做一种"公共物品"，这也就成为政府进行金融监管的依据。从某种意义上说，金融监管理论与政府干预理论一脉相承，因而，得到了政府的强力支持。

20世纪90年代以来，随着金融自由化进程及随之而来的金融风险的加大，国际金融市场动荡不安、危机频发。如何加强金融监管，防范金融风险，创造稳定的外部条件，已成为世界各国金融监管部门面临的重要课题。在1997年亚洲金融危机以前，面对各国金融开放的热潮，斯蒂格利兹和青木昌彦提出的金融约束论，明斯基的金融不稳定性理论和金德尔伯格的金融危机理论，成为金融监管理论进一步发展的标志性成果。

明斯基的金融不稳定性理论，对于资产泡沫及金融危机等现象，有着深刻的洞察力和较好的解释力，由这种理论发展而来的金融危机模型，成功地融合凯恩斯理论和费雪理论这两方面的内容，强调货币供给和信用不稳定的力量，厘清了三种不同的投资债务关系，提出了"过度负债→金融危机→通货紧缩"的作用效应，以及在这一过程中金融危机所起到的关键性作用，直接、深刻、鲜明地揭示出金融危机屡屡爆发、挥之不去的内在本质原因，以及由金融危机和通货紧缩给实际经济运行所带来的巨大的破坏作用，从而有助于我们更加深入了解频发金融危机、经济泡沫的宏观金融运行之间的内在机制。

事实证明，一些高度开放的经济体，能否在拥有较高的金融自由度的同时，保持金融市场的稳定，完全依赖于金融监管的有效性。问题的关键在于，实行金融自由化的国家，其金融监管的水平、政府宏观金融调控的水平以及全球金融监管的协调等能力，直到经济发展和开放策略的顺序等方面都存在着明显的差异，而些差异所带来的后果和影响是不同的。

20世纪90年代的金融危机浪潮推动金融监管理论逐步转向如何协调安全稳定与效率的研究方面。与以往的金融监管理论有较大不同的是，现在的金融监管理论除了继续以市场的不完全性为出发点研究金融监管问题之外，也开始越来越注重金融业自身的独特性对金融监管的要求和影响。这些理论的出现和发展，不断推动金融监管理论向着管理金融活动和防范金融体系中的风险的方向转变。鉴于风险和效益之间存在着替代性效应，金融监管理论演变的结果，既不同于效率优先的金融自由化理论，也不同于20世纪30年代到70年代强调安全稳定的金融监管理论，而是二者之间新的融合，是提倡安全与效率并重的金融监管理论。而要从根本上改变现存的全球金融监管体系，还必须在此基础上关注战后形成的全球金融体系，并积极改变现存的不合理的国际金融体系，进而重建全球金融监管体制。

金融监管体制的变化是一个辩证发展的过程。在人类社会不同的历史发展时期，金融监管体制从无到有，体现着国家的意志，金融监管正是伴随着金融业的发展朝着全球化而发展的。早期，由于金融业发展水平较低，金融服务形式比较传统，业务品种单一，经营规模较小，金融监管体制自然采取统一监管的模式。后来，随着金融业务专业化的不断发展，不同金融机构的风险差异性日益突出，监管标准也有所不同，从而产生了金融监管专业化的要求，需要实行分业监管体制。实行分业监管体制主要出于对风险监管的考虑。就是在同一历史时期内，由于不同国家的政治制度、社会环境、经济基础、金融发展水平相差较大，其金融监管体制的模式也不尽相同。

从20世纪70年代末开始，商业银行由于面临竞争加剧和生存危机，成为推动金融创新的重要内部动因和力量。而不断出现的金融创新模糊了不同金融机构的业务界限，银行、证券和保险三者的产品日益趋同并相互融合。

20世纪80年代金融业进入了激烈竞争的时代，加上当时金融安全网设计上的缺陷未能及时采取相应措施进行弥补，金融机构在20世纪80年代倒闭事件频繁发生。与此同时，金融业内各部门间的界限日益模糊，混业经营潮流势不可当，大型金融集团和跨国金融企业不断涌现，金融全球化浪潮席卷全球，传统的监管理念发生了重大转变，这一切都对传统的监管体制构成了严峻挑战。

20世纪90年代以来，金融区域化、全球化发展进一步加剧了国际金融机构之间的竞争，金融机构通过兼并重组来达到壮大资本实力、扩大市场份额的目的，出现了花旗集团、汇丰集团、瑞穗集团等巨型金融集团公司，它们已不再单纯是银行机构，而变成可以提供全方位金融服务的金融混业机构。1999年11月，美国国会通过了《金融服务现代化法》，允许金融持股公司下属子公司对银行、证券、保险兼业经营，证券和保险公司也可通过上述方式经营商业银行业务，美国金融重新进入混业经营的时代。在这种背景下，过去追随美国实行分业经营的国家，又纷纷放弃分业经营，转向了混业经营。英国从20世纪80年代中期到1992年完成这一过渡；东欧转型国家中，大部分在转轨之时就实行了混业经营；日本在1998年12月彻底放弃分业经营；韩国已基本完成了向混业经营的过渡；发展中国家如拉美的许多国家也取消了分业经营制度。

在混业经营的体制下，金融风险的传递要较分业经营体制下更快，影响也更广。为了更有效地监管金融机构，控制金融风险，应对新的挑战，许多国家对金融监管体制进行了改革，建立监管机构之间的协调与合作机制，或者将建立集中统一的监管机构作为改革的目标。集中统一的监管体制再度兴起，这与金融混业经营发展的趋势有关。

历次金融危机之后的金融监管体制变革，都是与其政治、社会、法律制度、经济结构与发展水平、历史传统和文化背景相适应的，任何一种监管体制都是特定历史条件和政治体制的产物，最适宜的监管体制及结构并非固定不变。本次以美国次贷危机为始作俑者的全球金融危机波及范围之广,全球几乎没有一个国家能够置身事外。可见,当今没有哪一个国家、哪一种监管体制完美无缺,能够幸免于金融危机的冲击,也没有哪一种"最理想的金融监管模式"能够在全球推广适用。不但全球经济发展受到严重打击,而且在国际货币体系、国际金融组织职能、经济发展模式等诸多方面受到了挑战。

任何金融监管体制都不可能是完美无缺的,总是利弊共存,这就需要在设计体制和模式时尽量取长补短,结合自己的国情,综合权衡,做出科学的抉择。

不可否认,建立覆盖多个领域的超级监管机构已经成为不少国家的金融监管组织改革的实践,机构变革固然是重要的,但是,更为值得关注的,实际上并不是这种监管是分立的,还是覆盖多个领域的超级监管机构,而是在此基础上的监管协调机制。此次金融危机之后,G20峰会及美国等各国金融改革方案不同程度地涉及了加强国际金融组织的变革,以及对全球金融市场进行联合监管,建立全球金融危机救援与互助协调机制等方面的内容。

金融监管——这种政府为弥补市场内在机制缺陷而进行的一种制度安排,无疑也就深深打下了政府的"烙印",它的一切变革也是同政府意旨和战略密切联系在一起的。而在更广阔的范围内,全球金融监管也就成为一些大国、强国体现自己意旨,反映自己国家意志和战略利益的工具,金融监管规则成为大国力量博弈的舞台。

总之,金融全球化将以其不可逆转之势深刻影响各国经济与社会的发展,我们在新的历史机遇与挑战面前,必须头脑清醒地确立我国在全球经济、金融格局中的战略地位,制定更具有能动性的金融发展的政策,积极优化与完善我国的金融监管体制,使中国金融继续朝着稳定健康的方向发展。

第二节 选题背景、文献综述与结构概况

一、选题背景与意义

金融危机巨大的破坏作用及其在金融全球化条件下表现出来的极强的负面效应,已经促使人们越来越关注实现宏观经济稳定,防止金融危机的复发。这就需要研究危机发生的原因,以供未来经济决策时参考。

自2008年美国次贷危机发生之后,出现了大量研究金融危机的文献。对这些文献进行整理分析,可以看出对金融危机的形成、发生和演变等进行了多视角、多方位的分析。本书立足于全球治理与金融监管重建这一思路出发,紧紧围绕金融危机背后的金融监管问题展开论述和分析。

第一层面是对金融危机爆发国状态的分析,重点是国别金融分析。

第二层面是在第一层面基础上的扩展,将研究触角延伸到了区域或一定的全球范围来分析,这不仅仅是一个国家的问题,还包括了区域和全球多个国家。

第三层面是更大范围的研究,将全球经济金融作为一个整体,从一些共性问题出发寻求金融动荡发生的更深层原因,除了对金融危机国家和区域的研究外,还突出表现为对全球金融发展模式和国际金融体系的思考,特别是全球治理的层面。这是在空间和时间上的延伸和扩展,它涉及的内容极其庞杂。

众所周知，金融监管制度作为一国政府实施宏观经济金融调控的重要环节和制度，有着极其重要的地位和作用。然而，随着经济金融的发展，以及大国国家战略和利益的考虑，当前金融监管与其他制度因素相比，它的影响因素和影响层面更加复杂，因此，如果在全球金融监管和金融危机之间寻求一种有效的解决办法，那么这种办法必须顾及金融危机与金融监管的关系，这二者的联系是错综复杂的，仅仅把金融危机的原因归结为金融监管不到位，恐怕并不全面、并不恰当。尽管，由于金融监管的不到位在某种程度上确实导致了金融危机的发生；然而，如果我们不从根本上认识全球金融监管背后的问题，那么，金融监管仍然不会发挥它应有的作用。因此，本书的核心思想就是要对金融危机与金融监管进行深入系统的分析。

本书希望在前人研究的基础上从多个角度分析二者关系，尤其是2008年美国发生的次贷危机及其对全球金融发展和国际金融体系的影响，特别是全球治理问题。

按照国际货币基金组织及理论界目前的观点，通常根据金融危机发生的诱因和影响范围将其划分为货币危机（或称国际收支危机）、银行危机和债务危机三种类型。

货币危机是指对某种货币汇兑价值的投机性冲击导致货币贬值或币值的急剧下降，从而迫使当局投放大量国际储备或急剧提高利率来保护本币的情形。

银行危机则是指实际或潜在的银行运行障碍或违约导致银行中止对其负债义务的偿还，或者迫使政府提供大规模援助进行干预以阻止这种局面发生，由此产生的混乱局面。

债务危机是指一国不能按时偿还其对外债务的情形，而不管债务人是政府还是私人。

这三种类型的危机对一国经济、金融的影响尽管各异，但这些危机的单独发生或叠加发生都可能导致金融危机。在经济金融化程度加深、金融交易日趋复杂的背景下，这三种类型的危机也可互相转化，金融危机的破坏力和影响范围也在日益扩大。但是，无论表现为货币危机还是银行危机抑或债务危机，金融危机通常有着相似的表征和共同的起因。

在金融危机的三种表现形式中，货币危机、银行危机和债务危机既可能单独发生，也可能同时发生。比如1992—1993年的欧洲汇率机制危机属于单纯的货币危机，没有向银行部门扩散，而1994年的墨西哥金融危机和1997年的亚洲金融危机则是由二者混合而成的双重危机。以亚洲金融危机为例，一方面，泰国银行危机主要表现在银行深深地陷入股市和房地产业，在开放资本市场时缺乏有效的金融监管，银行业对国际资本市场依赖过重；另一方面，又表现为国际投机资本对泰铢的冲击，泰国中央银行外汇储备近乎亏空，货币危机形成，银行业的危机也越发加剧，倒闭数目不断上升，演化为空前的金融危机。又如2010年形成的希腊等欧洲国家的债务危机从其表面分析，更多地表现为债务危机，而实质则是货币危机、银行危机和债务危机三种危机的叠加和复合。

实际上，现代金融危机的发生原因越来越复杂，表现形式也趋向多种多样，它通常表现为货币危机、银行危机及债务危机相互融合的双重组合、三重组合，单纯的一种形式的危机往往较少。即便是最初表现为单一的危机，随后也会逐步演变为双重金融危机乃至三重金融危机；而且，在货币危机、银行危机和债务危机这三种危机形式中，三者互为因果，相互影响。很难区分三者之间的界限，因而处理起来也相对困难和棘手。这也是在现代金融市场环境下，金融监管越来越困难，越来越重要的原因之一。

银行危机是诱发货币危机的潜在原因，货币危机又直接加剧了银行危机，债务危机反过来又会影响到银行危机和货币危机。鉴于此，在本书的研究中，我们不再具体区分货币危机、银行危机和债务危机，而是将金融危机作为一个整体研究对象，一并加以分析研究。而针对这些金融危机的监管，其视角也是以上述金融危机为整体统一研究的。

早在1997年亚洲金融危机以后，Lindgren等人认为，监管过程中的政治干预延迟了对危机严重程度的承认，进而延迟了行动，加深了危机。而在1997年亚洲金融危机之前，面对各国金融开放的热潮，斯蒂格里茨和日本的青木昌彦曾经提出过"金融约束论"。考夫曼（Kaufman，1996）认为金融监管在付出很高的监管成本之后，并没有根除金融机构的经营风险和整个金融体系的系统风险。

2002年，国际货币基金组织（IMF）发布了《监管的独立性和金融稳定》、《危机防范和危机管理：监管治理的角色》两份关于金融监管方面的研究报告。美国联邦政府也于2009年6月制定了"金融白皮书"。从机构、市场、消费者保护和国际合作等多个角度，对美国金融监管体系做出全面彻底改革的安排，其中包括将美联储打造成为"系统风险监管者"、设立全新的消费者金融保护机构监管金融消费产品，对对冲基金和私募基金实施监管等，这对国际金融危机中金融监管理论的探讨和完善做出了积极的思考和尝试，也扩大了金融监管的研究范围。与以往的金融监管理论有较大不同的是，金融监管理论除了继续以市场的不完全性为出发点研究金融监管问题之外，开始越来越注重金融业自身的独特性对金融监管的要求和影响。这些理论的出现和发展，不断推动金融监管理论向着管理金融活动和防范金融体系中的风险方向转变。

二、金融危机与金融治理问题的文献综述

美国金融危机爆发后，国内外学界从不同角度对金融危机进行了反思，不过，目前的这些反思，较多集中在全球经济的失衡、监管体系的缺陷与不足等相对宏观和制度化的层面。对于次贷危机发生的原因，中外学者有不同的见解。探讨此次经济危机的根源，可以从不同的角度进行深度分析、探索，有的从技术层面或运行层面或监管层面去解释，有的从体制层面或制度层面去解释，有的从金融监管的失职、金融机构的贪婪、金融创新的过渡去解释，也有的从文化的角度进行探讨。

对于本轮全球金融危机及其金融监管等问题，笔者概括主要有如下几大类观点，这些观点或许在解决全球金融危机引发的金融监管问题和全球治理等方面具有积极意义。

（一）内因说：从以房地产领域的次贷业务为核心的金融创新入手进行分析

次贷的全称是"次级住房抵押贷款"，它的出现虽在一定程度上解决了低收入者的住房问题，也为金融机构（包括抵押贷款经纪商、贷款公司、投资机构等）带来了丰厚利润，但随着时间的推移，它也成为次贷危机爆发的导火索。

现有文献已经初步认识到，金融产品创新及其滥用可能是次贷危机爆发以及产生巨大影响的重要原因。例如孟辉、伍旭川（2007）认为，以资产证券化为代表的金融创新工具被过度滥用，导致市场约束机制的失灵为此次危机埋下了伏笔；黄小军等（2008）在对美国次贷危机的深层思考中，已经提到"有许多问题

是金融市场创新的产物，……这次次贷危机中重创金融机构的不仅是宏观经济外部环境，更主要的是金融业亲手创造却无法驾驭的产品自身，以及金融机构风险管理缺陷等微观层次、结构性因素"。陈宪、王晓琴（2008）也认为，资产证券化工具过度滥用，促使风险分散的同时加大了风险的扩散性和冲击力。另外，随着金融衍生产品的创新与使用，金融体系变得日益复杂，各种信用关系不断延伸与交织，使信息不对称与金融市场脆弱性、盲从性等问题更加突出，由此导致危机爆发以后难以得到及时处置，"清理结构性资产盘根错节的债权债务关系远比清理直接的债权债务关系更难也更需时日"（黄小军，2008），相反只能使市场更加恐慌。

在金融创新与金融监管相互关系这方面的代表观点有李树生、祁敬宇在《经济与管理》杂志上发表的《从次贷危机看金融创新与金融监管的辩证关系》中认为，全球化背景下的金融创新并非全是鲜花和糖果，它也可能是毒品和鸦片，美国次贷危机的爆发给各国以警示。在分析这次金融危机的原因时，作者指出，美国住房次贷危机的发生，是同金融创新产品在房地产领域无节制开发、缺乏有效金融监管而畸形扩张密切联系的。由于房地产是具有长期耐用消费品和投资品双重属性的特殊产品，它的建设周期较长、与其他产业关联性较强、牵涉的经济主体较多、对金融支持的依赖性较大等特殊性质，决定了金融创新在这一产品开发中具有明显的优势和利益冲动。同时，房地产市场具有信息不对称的特点，信贷过程中的各主体，如房地产开发商、投资者、消费者以及商业银行等，他们的行为在面临利益诱惑时常常会有非理性的一面。因此，在房地产领域的金融创新产品其价格的决定、如何实施有效的金融监管以及它对金融稳定的影响等问题都是极为复杂的，需要考虑的因素也很多。

商业银行的金融创新虽然提升了消费者、投资者的购房能力，把长远的住房需求通过一系列开发的金融创新品种诸如抵押贷款将房地产市场的有效需求即刻转化为现实需求，在由潜在需求转化为现实需求的过程中，极速地推动了房价上涨。由于经济增长阶段的房地产价格具有上涨的长期性，金融机构通过适度的金融创新支持有其合理的一面，但是，万物皆有度，金融创新的过度支持和金融创新品种的过度开发就会产生金融泡沫，引发金融风险甚至金融危机。

更有甚者，当房地产价格上升的显性信息不断在市场中放大、扩张和弥漫时，逐利性必然驱使包括金融机构在内的所有投资主体趋之若鹜，丧失理智，甚至通过违规手段进入市场，由于信息不对称、对价格上升的预期和对房地产合理定价的困难性，投资者和消费者的行为也可能出现盲目乐观而具有非理性，加之，人类的灾难短视、羊群效应和忘却的记忆等非理性行为更加强化了这一过程。在经济上升阶段，由于房地产价格上涨掩盖了潜在的风险，而经济主体的行为又具有非理性特点。因此，房地产市场易于出现失灵而需要政府的干预，政府的适当干预也是保持房地产市场健康发展和金融体系平稳运行的关键，这也为20世纪80年代以来北欧、日本、拉美、东南亚金融危机和当前美国发生的"次贷危机"所证实。

一些学者总结20世纪80年代以来国际金融危机的教训，其中最为重要的就是房地产业已经成为影响微观财务绩效和宏观金融稳定的重要因素。目前，房地产市场与金融市场相互作用的基本原理已为金融监管当局和专家学者所认识，通过金融创新开发金融品种虽能使房价上涨，在财富预期效应下促进信贷扩张，信贷扩张又通过金融加速器效应助长了房价的进一步攀升。但在这一过程中，金融创新的"双刃剑"作用也在发挥着作用。

（二）外因说：从外部因素的视角进行分析

可以说，从次贷业务本身对金融创新进行的分析可以视为金融危机形成的内因，而从外部环境角度去分析则是对金融危机的成因进行外部分析。在从外部环境中探寻次贷危机原因的文献中，主要涉及如下几个方面：

（1）利率提高与房地产价格下跌。李树生、祁敬宇（2008）认为，在房地产领域的金融创新产品之所以能得以无节制发展，主要受商品房的供求以及地价等因素影响。受供给约束下的房地产价格通常取决于市场结构和市场需求。在经济周期的上行阶段，如果市场结构越具有不完全竞争性，而市场需求增长却很迅速，房地产价格上涨趋势越明显、上涨幅度也越大。如果垄断型的市场结构与有效需求的突然释放相结合必然产生市场的非均衡性、价格上升预期的必然性和投资主体的过度进入，尤其是当金融机构为追求更大利润而肆意进行金融创新时，会使房地产极易成为泡沫的载体和金融风险的渊源。朱颖和李配（2008）就认为直接导致次贷危机爆发的原因是美国房价泡沫的破灭和利率上升。利率提高导致次贷借款人的付息成本上升，尤其对于可调利息贷款等创新品种，在利率调升后借款人的还款压力将成倍增加，必然导致借款人违约率上升；房地产价格下跌首先导致抵押品价值下降，使部分贷款资产变为负资产，另外房地产价格下跌也使那些希望通过房地产价值增值来偿还贷款的人陷入困境，而且该趋势会不断自我强化。当经济景气上升时，潜在风险发生的概率很小，因此各主体都能获得其承担风险部分所对应的收益；当经济不景气时，风险暴露，高杠杆所带来的高收益不能获得，各主体为相应风险支付代价。这也是次级抵押债务这种看似完美的"风险分散机制"存在的致命弱点，无法抵御系统性风险的冲击;这种弱点也是前面提到的"绑架"外部环境所产生的成本。

(2)美国社会的消费、储蓄习惯也是导致次贷危机的重要原因。李石凯(2007)通过对美国经济运行相关数据,尤其是美国楼价、利率和储蓄率的变动进行分析,认为造成美国次贷危机的根本原因在于长期以来美国不断下降的储蓄率,低储蓄率导致美国居民无法承受任何"哪怕是轻微的温和的"经济风险。张纯威(2008)对美元国际循环由金融渠道投放、贸易渠道回流转化为贸易渠道投放、金融渠道回流的分析也进一步支持了这种观点。祁敬宇(2009)指出,从消费方式看中国人"居安思危",即使丰年也不忘灾年,备粮防灾,这和中国人养儿防老是同出一辙的。而西方文化却并非如此,他们及时行乐,寅吃卯粮。这种不以"量入为出"的消费思想、鸵鸟式的"快餐主义思想"成为此次金融危机的导火索。

(3)人的欲望和贪婪。还有一些学者从人性角度进行了分析,认为私欲、对财富的过度追求是导致金融危机升级的原因。代表人物有里奥·蒂尔曼,在其《金融进化论》中,从金融的进化理论以及对整个金融体系从静态金融向动态金融进化过程的种种冲突与适应做了分析。里奥·蒂尔曼从金融达尔文主义的角度分析出发,认为人类追求财富的过程,和达尔文描述的物种起源与演化的过程极为相似,二者都希望不断繁衍下去。相异的表象下遵循着普适的法则:如果我们相信金融危机根植于人类贪婪基因的本性之中,那么,危机就是对金融系统的一次清洗——"适者生存,劣者淘汰"。大到经济体、经济联盟,小到企业、投资基金,赖以度过数十年来最困难的商业环境。初期它们和鸟儿、蜜蜂一样服从于达尔文的箴言——"每个新物种的出现和维持,都是因为它们较其竞争对手具备某种优势"。

祁敬宇（2006）在《金融运行协调机制论纲》一书中曾经分析了人的欲望、需求与金融危机的形成，指出人类基本的欲望、需求对于经济金融的发展是一种推动，在此基础上又派生出更多的欲望和思想，如贪欲是占有物品的体现，权欲则是政治欲望或需要的体现，求知欲是占有知识探求未知的体现等。在这些欲望的作用下，产生了各种各样的动力作用于不同的系统，金融运行系统是社会需求的产物，它的运行同样受到人的欲望的影响和决定。这也许更有助于我们对金融危机的认识和分析。

（三）监管说：从金融监管的视角进行分析

其核心观点是金融监管缺陷论。认为次贷危机的主要根源，是美国的金融监管体制存在着重大缺陷：对金融机构实行分类监管的体制不完善；以机构监管为重点，功能监管薄弱，不能适应混合经营的特点，对一些多功能的金融机构监管不力；过快发展的衍生产品监管滞后。金融监管缺陷论还认为，不负责任的放贷行为、受利益冲突的证券评级等，才是这次危机的主因。这种观点强调金融监管的缺失而导致了金融危机的发生，认为美国住房次贷危机的发生，是同金融创新产品在房地产领域无节制开发、缺乏有效金融监管而畸形扩张密切联系的，而金融监管放任和滞后是其最主要的原因。这种观点认为高度自由、过度竞争的经济制度和金融体系是全球金融危机产生的制度原因。

李树生、祁敬宇指出（2008），与商业银行等机构金融创新扩张形成鲜明对比的是，金融监管却没有与在房地产领域金融创新扩张相制约、相监管的机制，明显滞后于金融创新的步伐。从各国的实践来看，20世纪70年代以来，各国在实施金融自由化改革的同时并没有相应地转变金融监管的方式,在诸如实施风险加权为基础的资本充足要求、可变费率和部分保护的存款保险体系以及银行风险集中度限制等方面远未同房地产领域的金融创新相适应。金融创新或金融自由化的扩张与金融监管滞后或不同步,放大了银行收益内化和损失外化的各种金融风险。另外,金融产品创新的短期利益也是影响房地产金融风险的重要因素。一些金融创新品种诸如金融资产证券化和金融信托资产的出现形成了多渠道分散商业银行金融风险的通道,避免了风险向商业银行的过度集中。因此,一些商业银行在发放房地产贷款时的利益追求扩大,而谨慎度下降。

Tsatsaronis 和 Zhu(2004)的实证分析显示,抵押贷款证券化程度较高的国家(美国、澳大利亚等)具有较多的风险转移渠道,银行房地产贷款的增长速度较快;再加上外来资金对本地房地产价格的推高以及国家间房地产市场的相互传导,也导致了过度繁荣与过度衰退以及银行信贷资金的过度需求和过度紧缩(Bond et al, 2005)。

概括一些专家学者的观点,欧美金融监管的严重滞后主要体现在以下几个方面:

其一,金融监管机构的行动滞后,特别是在出现金融风险的苗头时不能及时地予以制止,多数情况下是"马后炮"。

目前,欧美成熟金融市场,大多以政府部门的国家宏观监管、行业协会的自律监管和交易所的一线监管共同构成三级监管体系。政府监管部门作为其龙头和核心,实际却屡屡在危机形成阶段不见身影,只会在危机爆发之后扮演"救火队"角色。其原因是,创新品种越来越多,牵涉范围和环节与经济和社会的关联度越来越深,监管成本越来越大。以美国为例,国内各州之间的金融监管真空和漏洞也相继出现,而国与国之间的金融监管合作压力也越来越高。

与此同时，衍生品在资产证券化链条上的代理机构呈几何级增长，金融产品的交易和营销无法得到充分监管，使轻松违规而不受惩罚的可能性普遍存在。应当承认，欧美各国对衍生品场内交易已形成规范严密的监管体系，次贷危机中各交易所的场内交易基本保持正常状态。但面对绕开场内监管、场外交易日趋泛滥的局面，监管当局则束手无策，既没有严格加以限制，又没有能力同步有效地对场外交易进行监管，以至于"铜墙铁壁"的场内监管形同虚设。

其二，金融监管配套的法律法规缺乏。

随着金融产品不断创新，其监管的法制进程也一直处于反复和摇摆中。1933 年经济大萧条以后，美国出台了《格拉斯—斯蒂格尔法》，实行严格的分业监管和分业经营。随后 66 年美国金融业高速发展，1999 年美国国会又通过了《金融服务现代化法案》，推行金融自由化，放松监管，结束了银行、证券、保险分业经营的格局。1998 年，长期资本管理公司 LTCM 的倒下，掀起金融市场的轩然大波，人们强烈呼吁针对对冲基金实施监管，但至今政府仍无作为。现在，众多投资银行实际上变相成为对冲基金，但缺乏相应的风控法规。美国的金融和资本市场要求自由发展、抵制政府监管和干预的力量非常强，且衍生工具大量表现为表外业务，现有的信息披露制度和监管措施根本无法有效应对。

其三，高杠杆模式透支信用体系。

次贷危机的发生，与越来越"廉价"的信用密切相关，信用成为欧美金融和资本市场最滥用的抵押物。各类金融机构为支撑复杂衍生产品投资，在利益驱动下，通过高杠杆的融资模式四处筹资，使得杠杆比率一再提高，金融衍生品所积累的巨额风险不断加大。之所以美国能长期利用负债模式透支信用体系而其他国家不能，是因为这种国际社会不公平机制的基础就是信用和实力。实力构成信用的基础,信用构成实力的工具。不幸的是,信用和实力都处于动态中,越迷信它们往往就越脆弱。一旦发生突变,二者就会轮番对整个国际政治经济格局形成强烈冲击。

此外,金融监管当局由于受缺乏真实可靠的数据、评估方法多样化以及市场走势不可预测等因素的制约,金融监管部门也实在难以设计出一套有效的针对银行房地产信贷扩张的监测体系、早期预警方案、跟踪机制和控制指标。而一旦出现不良征兆时,事态往往已到木已成舟的地步了。

(四)制度说:从金融危机的形成机制进行分析

对于这场由美国次贷危机引发的全球性金融危机,不同立场、不同学派的学者,对其产生的根源做了不同的分析与解释,但就过程描述主要集中在以下四个方面。

其一,"市场说"。即从更加微观的角度分析金融危机。这种观点认为金融危机产生的原因,主要观点有三种。(1)消费需求过度论。将这次金融危机的根本原因归结为美国居民的消费需求严重超过居民收入,并得出启示:无论政府执行何种政策,无节制的负债消费必然会导致金融危机的爆发。(2)实体经济与虚拟经济背离论。认为由于商品的价值同使用价值的运行渠道、轨迹、方式以及监管机构、经营主体各不相同,这就导致虚拟经济与实体经济相脱节。当这种背离达到相当严重的程度时,就有可能出现严重的通货膨胀、巨额财政赤字和外贸赤字,直至金融危机和经济危机。(3)金融创新引起的一系列弊端论。认为金融的过度创新,以及金融工具的结构化、衍生性和高杠杆趋势,导致了金融市场过度的流动性,加剧了金融体系的不稳定,是这次金融危机产生的直接原因。

其二,"体制说"。这是从体制层面看监管制度的缺陷。持这种观点的人认为，这次危机的根本原因是新自由主义的资本主义。因为新自由主义的资本主义模式取代了原来由国家管制的资本主义模式，政府不再对宏观经济进行积极调控，放松对经济和金融的管制，资方完全控制劳方，社会福利急剧减少，自由、残酷的竞争取代了有节制的竞争，商品、服务和资本在不同国家之间相对自由地流动等。它解除了对金融的管制，加速了贫富两极分化，必然导致金融危机。资本主义制度缺陷论认为，实体经济中以房屋为代表的商品卖不出去，生产相对过剩，有效需求不足，最终引起危机爆发，故危机的根源正是资本主义经济制度。

其三，"政策说"。认为长期的低利率和宽松的货币政策和赤字财政，是全球金融危机形成的政策基础。2000年至危机爆发前，美联储14次降低联邦基金利率，使得企业、金融机构和居民能够以十分低廉的成本进行融资和借贷。与此同时，2001年之后，美国政府进行大规模的减税，推动居民消费增长。宽松的货币政策和赤字财政刺激了美国居民的过度消费和金融机构的高杠杆运营，造成了资产价格泡沫。

其四，"周期说"。认为这次金融危机是全球经济长周期的一种反映，也是全球经济严重失衡的一种反映；是20世纪30年代大危机以来全球经济结构、贸易结构、金融结构大调整在金融体系上的一种必然反映，也是对国际经济金融体系中实体经济与虚拟经济（现代金融或资本市场）在不同经济体之间严重结构性失衡的一次重大调整，以实现资本市场、金融资产在规模和结构上与其赖以生存的实体经济相匹配。

（五）文化哲学说：从哲学和文化的视角进行分析

一些学者指出，这次金融危机的发生，不仅仅是经济金融方面的事情，从深层次的根源上说，这次金融危机并未超越马克思主义经济危机的理论逻辑，其根源依然是由资本主义基本矛盾引发的。这方面的代表观点有胡若痴、卫兴华在 2009 年第 8 期《当代财经》发表的《当前金融危机的根源及启示探析：一种马克思主义的视角》一文认为，资本的本性决定了生产规模的无限扩大与有支付能力的需求相对不足之间的矛盾，从而使总供给大于总需求的现象成为社会经济运行的一种常态。这一矛盾积累到一定程度就会爆发生产过剩的经济危机。因此，对于金融危机的根源还需从资本主义制度本身去找寻。此外，国外一些学者也有论述，如古巴全国人大经济委员会主任、著名经济学家奥斯瓦尔多·马丁内斯认为，这场经济危机一方面是生产过剩，同时又是消费不足。

邓伯军在《当代财经》2009 年第 7 期发表了《对金融危机的一种政治哲学解读》，作者在文章中指出，由美国次贷危机引发的全球性金融危机，标志着美国新自由主义意识形态出现了危机。新自由主义从抽象的"理性人"出发而不是从现实的社会关系出发、以先验的价值判断而不是以社会生产方式，来演绎现实的政治经济建构。从这个意义上讲，人性危机是金融危机的深层根源，价值危机是金融危机的伦理根源。对此，加强对金融危机境遇下的新自由主义意识形态分析以及经济全球化境遇下的社会主义意识形态的建构，是我国学术界一个亟待解决的重大课题。

祁敬宇（2009）认为，在这次金融危机中，东西方文化展现了不同的碰撞。人们有机会重新评价东方文化并更多地给予认同和接纳。东方文化强调人与自然、社会的统一。强调尊重自然，强调天道，向往人与自然的和谐统一。在个体与社会的关系上，他们也同样强调一种自然的和谐。

（六）金融理论说：从金融理论角度进行的分析

前述从金融危机内因和外因角度进行的分析着重于直接的表面现象，也有部分文献从理论抽象角度进行了初步分析，从更深层次更本质角度对次贷危机进行分析。次贷危机向我们展示了过度虚拟经济的失败，脱离实体经济基础和过度杠杆化的衍生市场，将是一个危机四伏的市场。加强基础"标的"的多层次市场建设，避免经济过度虚拟化引发危机的灾难性影响，坚持虚拟经济伴随实体经济发展而持续发展的方向，将虚拟经济控制在促进而不是危害实体经济的水平，是美国这场百年不遇的危机给我们的最重要启示。

这方面的代表人物有白钦先、谭庆华（2009），他们在《美国次贷危机深层根源分析：从金融共谋共犯结构新视角的考察》一文中指出：美国次贷危机只是某种表现与表象，而非本质与实质，只是结果而非原因。在诸多表象与根源的背后有更加深刻的根源，美国体制性系统性"金融共谋共犯结构"才是次贷危机形成的真正深刻原因。这场危机戳穿了"美国信用度最高、金融体系最优、金融监管最严"的神话，尖锐地提出金融到底是什么、金融有无边界和金融能否可以被人为地不断虚拟、包装、扩张而不受惩罚这样三个严肃的问题，在日益复杂的全球性经济金融矛盾与博弈中彰显确立中国国家思维自主性主体性的紧迫性，并呼唤全民族全新金融意识的树立与提升。

（七）国际金融体系说：金融危机是由现行国际货币体系弊端所致

持这种观点的学者认为，美国金融危机的源头，是现行国际货币体系——美元本位制和美国长期实行"双赤字"政策效果的积累。这些观点集中在对于全球货币体系和金融体系的完善与改革方面。

王永利（2009）在《国际货币全球持有与其投放属地管控矛盾激化——全球金融大危机的根源的思考》一文中指出，美元作为世界货币为全球持有，但其发行量由美国独家掌握，这一方面为美国带来了巨大的垄断利润，另一方面也造成了美国经济的畸形发展，同时埋下了全球流动性过剩、通货膨胀压力不断加大、金融投机盛行的隐患，这些隐患一旦突破平衡点，必然造成美国经济金融剧烈波动，进而引发全球危机乃至经济衰退。因此，要从根本上治理金融危机，必须建立新的国际货币体系。作者强调，金融危机本质上是一种货币现象，通常与货币资金的过度聚散密切相关。而全球性金融大危机的爆发，必然与国际货币过度投放、全球流动性严重过剩有关。这又最终根源于国际储备货币，主要是美元的全球持有与其投放属地管控之间存在矛盾。

东北财经大学的丁浩（2009）在《金融教学与研究》2009年第1期发表《美国次贷危机形成机理与金融危机根源探究》的文章中认为，美国次贷危机已经演变成全球性的金融危机。这场金融危机的直接导火索是次贷危机，其根源则是美元国际本位制和美国长期实行的"双赤字"政策以及美国经济过度的虚拟化，这些因素决定即使次贷危机不爆发也会有别的金融产品危机来引发美国金融危机，区别只是时间上的早晚问题。作者分析认为，由于美国经常项目逆差从1982年的55亿美元迅速扩大，到2006年已经超过8 115亿美元，24年间增长了大约148倍。因此，经常项目下1美元国际货币的流出，往往带给世界的流动性扩张是两倍以上的基础货币增加。美元国际本位货币的地位，使得美元持续大规模经常账户赤字成为现实，而美元全球流动的机制又导致了美国虚拟经济过度膨胀以及全球流动性膨胀①。

巴曙松、杨现领（2009）在《全球金融监管与美元地位之变迁分析》一文中分析了未来国际货币体系图景中美元和欧元的地位及可能引发的领导权之争。自1999年欧元诞生以来，就引发广泛关注，并被认为将对美元的主宰性地位形成挑战，甚至将会取代美元。然而，尽管大规模持续的贸易赤字成为困扰美元的主要限制性因素，但是由于存在难以克服的内在结构性缺陷，欧元却只能成为仅次于美元的"同类竞争者"货币和区域性货币。作者认为，金融危机将影响美元以及全球金融体系及格局。

李向阳（2009）在《国际金融危机与世界经济前景》中指出，国际金融危机目前已经发展到第二阶段，其影响从发达国家扩展到发展中国家，从金融领域蔓延到实体经济。美国、日本和欧元区经济都出现了衰退，世界经济增长率大幅放慢。国际金融危机对发达国家实体经济的影响已经从信贷、投资领域扩展到私人消费领域。美元汇率在持续贬值，世界主要货币之间的汇率波动巨大。

王敬花在《华尔街金融危机与国际货币体系》一文（《金融教学与研究》）中指出，现行国际货币体系是本次金融危机产生的根源。

需要指出的是，国外也有一些关于经济失衡而导致金融危机的观点。比如伯南克和保尔森认为，以近年来新兴市场经济体储蓄快速增长为特征的全球经济失衡是当前国际金融危机爆发的一个重要原因。然而，这种观点是值得商榷的。因为，近年来新兴市场经济体出现的快速储蓄增长不是一种自发性行为，它们的外汇储备增长

---

① 根据国际清算银行保守估计，2006年底，美国境内的股票、债券、外汇、大宗商品期货和金融衍生品市值约为400万亿美元，为美国12万亿美元GDP的30倍左右。而其他国家类似计算出来的这个比率最多只有十几倍，充分说明美国虚拟经济具有一定的泡沫性。

也不完全是经常账户顺差的结果,中美贸易平衡关系不具有对称性。从根本上讲,新兴市场经济体外汇储备增长及其对美国金融市场的投资是国际资金回流当地的一种表现。美国金融市场上的资金供给主要由当地因素决定。国际金融危机的根本原因在于美国乃至世界金融体系风险控制功能的弱化,以美国持续性大规模经常账户逆差为特征的全球经济失衡在可见的未来很可能继续存在。

最后,需要说明的是,在对现有文献分析次贷危机形成的原因时,还需要对金融危机的形成问题再做一简要思辨。概括地说,次贷业务本身的原因是基础,外部环境方面的原因是导火索;但仅仅从业务与环境方面来探寻原因会囿于直接的表面现象,难以深入把握次贷危机发生的真正内在原因;从理论抽象角度的分析则试图打破这种局限,并在一定程度上解释了为什么次贷危机会造成如此巨大的影响并影响金融市场诸多领域甚至整个金融体系。对金融危机形成原因的思辨有助于我们对金融监管问题的深刻认识和分析。

三、各章内容简介及全书结构

本书共分四章。本书首先系统探讨了金融危机与金融监管的相互关系,揭示了金融监管与金融危机的紧密关系,从而提出了重建全球金融监管的观点。本书在论述金融发展过程以及构建全球金融新秩序等方面都渗透着金融监管与金融发展的重要观点。各章内容如下:

第一章"导论"。本章主要介绍了金融危机与金融监管以及全球治理等方面的思考。作为全书的开篇,本章还就选题背景、文献综述与结构进行了简要介绍。

第二章"金融全球化与全球治理"。回顾了金融全球化的历史进程。同时，从全球治理、金融监管等角度进行了思考，并对现行国际金融体系的形成、美元资产评估、特别提款权与国际货币体系改革等金融危机后的国际金融监管变革进行了探讨。

第三章"全球治理下的金融监管重建"。从金融监管历史解读次贷危机，着重分析了金融创新与金融监管、金融危机与金融衍生产品的监管、金融自由化与金融危机以及金融危机与金融监管的强化。

第四章"大国金融的发展"。作为本书的最后一章，对美国、日本、英国和欧盟等金融监管体制进行了分析，同时也对中国的金融监管发展等问题进行了分析。

全书逻辑分析及体系结构如框图所示（见图1-1）：

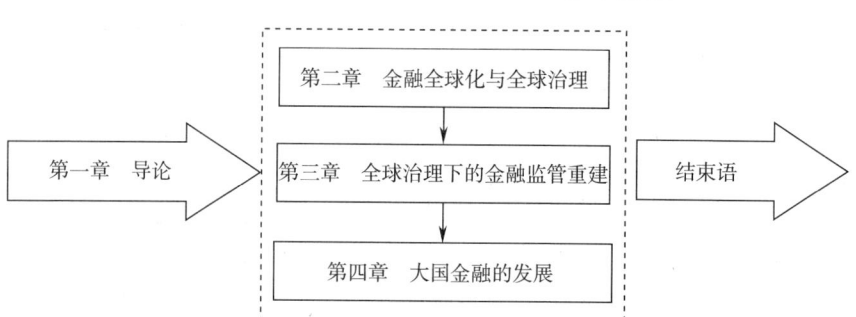

图1-1 全书各章节结构示意

第二章　金融全球化与全球治理

第一节　金融全球化

金融全球化是经济金融化、经济全球化的必然结果。金融全球化的发展经历了一个较长的过程，但进入20世纪70年代以来，金融全球化的发展成为全球化进程中的一个亮点。贸易和生产的全球化增加了对金融全球化的需求，而金融自由化、信息技术、金融创新的发展又使金融全球化的供给迅速增加，世界贸易组织、世界银行、国际货币基金组织、国际清算银行等国际组织又从全球的角度，为金融全球化的演进提供了组织支持和制度保障。金融全球化的发展极大地改变了金融体系的面貌，金融领域越来越呈现一体化的特征，但利益和损失的分担却显得更加悬殊，而这背后实质是全球金融治理体制的问题。

一、推动金融全球化的因素

首先，贸易和生产的全球化是金融全球化的动力。

金融是为经济服务的，金融服务的收益主要出自于此，经济活动范围的延伸和扩大决定了金融活动范围的延伸和扩大。因此，贸易和生产的全球化离不开金融服务的推动，同时金融全球化又极大地促进了贸易和生产的全球化。

世界贸易增长超过世界生产的增长，第二次世界大战后的50多年间，1950—1999年，全球生产（GDP）增长6倍多，而同期的全球贸易则增长了16倍多，经济全球化的特征已很突出。在世界贸易增长的同时，世界贸易的格局也发生了变化。战前形成的贸易格局是工业化国家作为世界工厂和制造业产品的输出国，而发展中国家作为原料产地和商品市场的格局，现在则变成了由多个区域贸易集团形成的"板块状"结构，在每个区域贸易集团内部又形成了"中心—外围"的分工格局。其中，最具影响力的区域集团是北美自由贸易区、欧盟和亚太地区的"三元"结构贸易格局。

与此同时，贸易区内的、自由化、一体化进程非常迅速，但贸易区之间的各种壁垒和障碍又很明显，尽管如此，受世贸组织条款的约束及外向型经济发展的推动，世界贸易还是越过了这些壁垒，向纵深化和全球化发展。在这种格局的影响下，金融领域也同时具有了区域化和全球化的特征。

在世界贸易增长的同时，跨国公司的迅速发展直接导致了生产的全球化。对跨国公司而言，利润最大化是它们追求的唯一目标，民族、国家、地区的概念在跨国公司的内部资源配置中被渐渐淡化，世界各国被纳入跨国公司开辟的、全球范围内的产业层次、企业层次、产品层次、工艺层次的全面联系中。

同时，由跨国公司的发展所带动的直接投资也迅速增加。国际直接投资增长的结果导致发展中国家对直接投资的依赖性增强。全球直接投资的增长，也表明国际分工日益超越传统的以自然资源为基础的产业部门间的分工，发展到以现代工艺、现代技术为基础的功能分工，发展到产业内部的沿着生产要素界限形成的分工。

世界贸易、跨国公司、国际直接投资的增长推动了经济全球化的进程,也增加了对跨国金融服务的需求。为了适应这种需求,金融自由化、开放化、全球化步伐加快。20世纪90年代的全球金融并购浪潮中出现了金融"巨人"。据统计,目前排名全球前100家的大银行几乎垄断了所有跨国商业性金融服务。

其次,技术进步与金融创新是金融全球化的双翼。信息和电子技术的进步使金融业焕发了新的生命,使它有能力提供全球性的金融服务;层出不穷的金融创新工具又使全球范围的金融交易变得灵活多样。

金融自由化包括对内的自由化和对外的自由化。对内的自由化主要指利率和费率的市场化以及银行、保险、证券业经营范围界限的取消,对内的金融自由化构造了一个市场化、一体化的国内金融市场。对外的金融自由化主要指资本监管的放松,对外自由化的结果是阻碍资金跨国流动的藩篱不断被拆除,"国内金融"与"国际金融"的界限日益模糊,各国原先独立运行的金融体系被迅速纳入全球金融运行体系中,金融全球化、一体化的局面出现。

第二次世界大战后资本项目监管的放松,最早可以追溯到20世纪50年代英国允许本国银行直接对外发放美元贷款的时期,随后在此基础上逐渐形成了一个欧洲美元市场。1958年欧洲国家货币自由兑换市场的形成进一步刺激了欧洲美元市场的发展,同时这一市场的巨大诱惑力也吸引了其他国家的加入,新加坡于1968年允许美国商业银行从事境外金融中心业务,对于非本国居民外币存款利息免税,并分10年放宽外汇监管。自1978年6月1日起,所有外汇监管全部撤销,本国居民也可自由买卖各种外币。欧洲美元市场的迅速发展和布雷顿森林体系的解体直接导致了各国资本监管的放松。

1979年英国率先解除了外汇监管,1986年伦敦"金融大爆炸"又拆除了证券、银行、保险之间的界限;日元的国际化大约从1978

年开始，1980年12月通过的《外汇、外贸控制法案》全面解除了日本的外汇监管，放开了日本的资本账户；美国曾在20世纪六七十年代对美国的对外投资、本国居民购买外国债券实行过不同形式的限制，但由于形势所迫，美国也不得不取消这些限制。特别是从1981年12月3日起，美国联邦储备局允许美国的商业银行成立国际银行机构IBFs，免除存款准备利率高限及存款保险的规定。从此，IBFs不仅对外国居民进行美元或其他通货的存贷款业务，也成了美国境内的欧洲通货市场。

20世纪七八十年代，拉丁美洲和亚洲一些国家不同程度地进行了资本账户开放的改革。1977—1979年，阿根廷取消了投资收益汇出、居民购买外汇及外国贷款期限等限制。同一时期，智利资本账户开放，打开了银行及资本市场的大门。马来西亚在20世纪60年代就进行了一系列放松资本监管的改革，使资本市场能够保持开放。至20世纪90年代，世界各国资本账户开放的步伐进一步加快，很多发展中国家放松了对国外进行证券投资或直接投资的限制，甚至取消了对居民外币业务的监管。资本监管的放松极大地推动了跨国资金流动和跨国金融服务的提供，为金融全球化提供了便利。

一些国际金融组织还通过向会员国提供援助贷款的机会，在贷款条件中提出要求会员国进行结构改革、实现金融自由化和市场化，以及放松资本项目监管等内容。世界银行通过发放长期、优惠的贷款支持落后国家的发展，并通过投资担保及咨询机构鼓励跨国投资。国际清算银行不仅为金融全球化提供资金清算等技术支持，而且通过其下属的巴塞尔委员会来观察全球金融风险、制定规则、实施监管。其他地区性的金融机构、七国集团和二十国集团，以及最近成立的金融稳定论坛也为金融全球化的协调、稳健发展作出了贡献。因此，可以说这些国际组织为金融全球化发挥了举足轻重的作用。

二、金融全球化的利弊

金融全球化的发展给世界各国（地区）和整个国际社会带来的好处是显而易见的。

首先，它为各国的投融资活动提供了便利，在世界经济的现代化发展时期，起到了及时调节资金余缺的作用，特别是发展中国家可以从中获得国际资本，用于补充国内投资和对外贸易两个缺口。

其次，为各国投资者开辟了广阔的投资空间，使它们能在世界范围内寻求最佳投资机会和投资组合，从而使有限的资源在全球范围内得到合理配置。

再次，在全球化金融活动中，国际范围内有形资本形成的增加、人力资源的开发、技术知识的转移、生产能力的利用、市场的开拓和对外贸易的扩大，有力地推动了各国经济的发展。

最后，促进了全球金融业的发展，金融机构可以在全球范围内经营业务并开展竞争，金融创新的成果可以在全球范围内普及推广，有利于提高全球金融业的服务质量和管理水平，推动各国金融体制的改革完善和金融结构的合理调整。

但是，正像任何事物都是有利有弊一样，金融全球化也有它不利的一面。这种不利主要表现在以下三个方面：

1. 金融脆弱性加大。

金融脆弱性表现在纵向和横向两个方面。

纵向的脆弱性表现在金融资产相对于实物资产来说规模太大，而且随着金融市场的发展，金融资产中风险性资产所占的比重加大，整个社会总资本呈现出一种"倒金字塔形"。可见，无论是从规模上还是从速度上，社会总资本均呈"倒金字塔形"。资本的本性决定了它们之间的关系必然是一种剩余价值索取的关系，也就是说产业部门必须将自己的真实利润源源不断地输送给越来越庞大的上层资源，这将导致作为塔基的产业部门难以承受如此巨大的压力，全球经济将陷入灾难性的崩溃之中。

横向的脆弱性主要表现在金融企业的生长机制、国内的金融政策环境、国际金融政策环境之间的不协调上。无论在发达国家还是在发展中国家，金融企业追求利润的本质不会改变，重要的是在不同的制度环境下，其追求利润的途径不同。如在法制不健全、市场不完善的部分发展中国家，金融企业往往通过拉拢政府要员、非正常的风险性投机来获利，这一活动使本不完善的金融环境变得更加混乱和脆弱，在未经过滤的国际资本流动的冲击下容易演变成金融危机。发达国家的金融企业、国内金融环境与国际金融环境之间的协调性要好一些，所以往往能化解一些危机，但即使如此，市场的无序和缺陷仍然使发达国家难避其累。在市场日益开放的情况下，各国面临着内外均衡的矛盾；各国间相互依赖与维护国家主权之间的矛盾；本国利益与地区利益的矛盾，如日元贬值对日本及周边国家带来的不同影响；眼前利益与长远利益的矛盾，如东南亚国家通过吸引外资带来了短暂的繁荣，却换来了长期经济失衡的痛苦。这种不协调和各种矛盾相互作用，相互强化，最终加剧了金融的脆弱性。

2. 金融危机频繁爆发，危机易感性增强。

金融全球化的结果是资本能更加快速自由地在国际间流动，尤其是一些短期资本会迅速地聚集到某个国家的金融市场，而又突然地撤退。资金的这种不稳定和危机时的逆向流动会激化和暴露一国金融领域的矛盾，加大金融风险，酿成金融危机，并迅速波及其他国家和地区。自布雷顿森林体系崩溃之后，国际金融领域的危机就没有间断过，而且间隔期限也在逐渐缩短。从20世纪80年代的拉美债务危机→1992年英镑汇率危机→1997年东南亚金融危机→1999年初的巴西及南美货币危机→2001年的阿根廷金融危机。可见,金融危机的防范和处置成为全球治理的重要内容。

3. 金融集中度加强。

金融全球化更适宜以全球为舞台的大的金融机构的成长,金融业的兼并和收购活动造就了许多金融"巨无霸";全球金融市场的一体化拆除了金融市场间的障碍,资金向最具有流动性的市场集中,于是金融全球化带来了金融业务在少数金融机构的集中和金融市场在少数地域的集中。

全球化带来的金融业务在机构和地理两方面的集中,给金融领域带来了巨大的风险。如市场交易者数量的下降容易引起少数机构操纵市场交易的现象,集中导致了金融力量对比的不均衡,弱小的国家面临着如何应对大额资本流动冲击的困难,金融市场的命运可能会受少数金融机构命运的左右等。

第二节 金融全球化下的协调机制

一、金融全球化的国际协调

(一) 金融稳定论坛和"金融部门评估规划"(FSAP)

国际清算银行于1999年发起成立了"金融稳定论坛",国际货币基金组织和世界银行也于该年联合推出了"金融部门评估规划"(FSAP),旨在对成员国的金融体系进行全面评估和监测。2009年6月成立的国际中央银行——金融稳定委员会标志着全球金融监管领域的又一里程碑。

国际货币基金组织和世界银行在20世纪90年代末推出"金融部门评估规划"（FSAP），试图从宏观经济政策环境（包括中央银行的职能和货币政策）、金融基础设施、金融监管框架、金融机构和金融市场等角度，并参考各国际组织制定的10项国际标准和准则，对一国金融稳定状况进行全面评估，同时引入金融稳健指标和压力测试等新的方法。应当说，以金融稳定评估项目为代表的评估框架比较典型地反映了金融稳定的第二个层次的内容，标志着当代金融稳定的实践上升到了一个新的高度。

国际货币基金组织和世界银行于1999年5月联合推出了"金融部门评估规划"（Financial Sector Assessment Program，FSAP），以对成员国和其他经济体的金融体系进行全面评估和监测。经过几年的发展，FSAP目前已经成为被广泛接受的金融稳定评估框架。

在FSAP框架下进行的金融稳定评估，通常采用三种分析工具。

一是金融稳健指标。金融稳健指标是国际货币基金组织为了监测一个经济体中金融机构和市场的稳健程度，以及金融机构客户（包括公司部门和居民部门）的稳健程度而编制的一系列指标，它用来分析和评价金融体系的实力和脆弱性。金融稳健指标包括核心指标和鼓励指标两类。

二是压力测试。压力测试是对金融稳健指标分析的有效补充。压力测试的目标是通过分析宏观经济变量的变动可能对金融体系稳健性带来的影响，来对因宏观经济与金融部门之间具有内在联系而产生的风险和脆弱性进行评估。FSAP评估的风险主要来源于利率、汇率、信贷、流动性以及资产价格的变动。为了对这些风险的影响进行评估，压力测试采用几种不同的方法来衡量宏观经济冲击对金融稳健指标带来的影响，以达到评估金融机构潜在脆弱性的目的。

三是标准与准则评估。FSAP 的内容之一是评估金融机构对标准和准则的执行情况。FSAP 下的标准与准则评估目前最多涉及九个领域，即"货币与金融政策透明度良好行为准则"、"巴塞尔有效银行监管核心原则"、"具有系统重要性的支付系统的核心原则"、"反洗钱与反恐融资 40＋8 条建议"、"证券监管的目标和原则"、"保险业监管的核心原则"、"公司治理原则"、"国际会计标准"及"国际审计标准"。其中前四项是在 FSAP 框架下必须进行评估的。

（二）全球金融协调的国际组织

当前，全球金融监管的国际协调与合作机构主要有：国际清算银行（Bank for International Settlement，BIS）、国际货币基金组织（International Monetary Funds，IMF）、世界银行（World Bank，WB）、巴塞尔银行监管委员会（Basel Commission Banking Surpervision）和世界贸易组织（World Trade Organization，WTO）等。有关情况如表 2－1 所示：

表 2－1　　　　　　　　全球金融协调机构一览

机构名称	基本情况	在协调方面的主要职责
国际清算银行（Bank for International Settlement，BIS）	1930 年 5 月，英、法等国在瑞士的巴塞尔成立国际清算银行，处理第一次世界大战后德国赔款问题，这是建立国际金融机构的重要开端。国际清算银行以股份公司的形式对外发行股本，其法定股本为 15 亿金法郎，共 60 万股，即每股面值 2 500 金法郎。国际清算银行发行的股本，既可以由各国中央银行认购，也可以由公众认购，目前大约有 86% 已发行股本由中央银行持有，其余则为私人持有。根据规定，全部股份都可分配红利，但私人股东无权参加股东大会，也没有投票权。国际清算银行的管理机构包括股东大会、董事会和管理当局	国际清算银行的业务有四个方面：一是商讨国际金融合作问题。世界各国的中央银行行长和其他官员经常在巴塞尔举行会议，就货币和经济领域里共同感兴趣的问题交换意见，加深了解，以促进国际合作。对国际金融体系的稳定进行监测和维护，一直是会议的中心议题。二是从事货币和金融问题研究。国际清算银行设有货币与经济部门，其研究工作偏重于与中央银行有关的问题，如收集并公布国际银行业和金融市场的数据，管理一个方便各国中央银行合作的经济数据库，出版相关经济论文、文件和报告等。三是为各国中央银行提供各种金融服务，主要包括吸收中央银行存款，对中央银行提供投资服务，对中央银行进行融资并提供过渡性信贷等。四是作为协助执行各种国际金融协定的代理和受托机构，为执行协定提供便利

续表

机构名称	基本情况	在协调方面的主要职责
国际货币基金组织（International Monetary Funds，IMF）	第二次世界大战之后，在生产国际化和资本国际化的基础上，国际经济关系得到了空前发展。美、英等国为了避免再出现20世纪二三十年代世界范围内的经济和金融混乱状态，决定建立一种新的国际金融秩序。于是，1945年成立了人们所熟知的国际货币基金组织和世界银行，其目的是重建一个开放的世界经济和一个稳定的汇率制度，并为各国经济发展提供资金。 IMF的资金来源主要是成员国认缴的份额。我国于1980年恢复在国际货币基金组织的合法席位。目前，IMF已经成为美国同其他发达国家以及发展中国家同主要工业化国家之间互相依赖又互相斗争的场所	根据IMF协定第一条的规定，IMF有六条宗旨：第一，设立一个永久性的就国际货币问题进行磋商与合作的常设机构，促进国际货币合作；第二，促进国际贸易的扩大与平衡发展，借此提高就业和实际收入水平，开发成员国的生产性资源，以此作为经济政策的主要目标；第三，促进汇率的稳定，在成员国之间保持有秩序的汇率安排，避免竞争性的货币贬值；第四，协助成员国建立经常性交易的多边支付制度，消除妨碍世界贸易发展的外汇管制；第五，在有适当保证的条件下，向成员国提供临时性的资金融通，使其有信心且利用此机会纠正国际收支的失衡，而不采取危害本国或国际经济的措施；第六，根据上述宗旨，降低成员国国际收支不平衡的程度。 其业务活动包括四个方面：一是监督成员国的外汇安排与外汇管制；二是与成员国进行定期或紧急磋商；三是为成员国之间就国际货币问题进行磋商与协调提供一个国际性论坛；四是向成员国提供短期资金融通即提供贷款或紧急资金援助
世界银行（World Bank，WB）	世界银行也是联合国的一个专门机构，是在1944年7月布雷顿森林会议之后，与IMF同时产生的两个国际性金融机构之一。世界银行的成员国必须是IMF的成员国，但IMF的成员国不一定都参加世界银行。作为一个全球性的金融机构，世界银行与IMF二者起着相互配合的作用。IMF主要负责国际货币事务方面的问题，其主要任务是向成员国提供解决国际收支暂时不平衡问题的短期外汇资金，以消除外汇管制，促进汇率稳定和国际贸易的扩大。世界银行则主要负责经济的复兴和发展，向各成员国提供发展经济的中长期贷款	按照《国际复兴开发银行协定条款》的规定，世界银行的宗旨包括四点：一是对用于生产目的的投资提供便利，以协助会员国的复兴与开发，并鼓励不发达国家的生产与开发投资；二是通过担保或参与私人贷款和私人投资的方式，促进私人对外投资；三是用鼓励国际投资以开发会员国生产资源的方法，促进国际贸易的长期平衡发展，维持国际收支平衡；四是将提供贷款担保同其他方面的国际贷款配合。世界银行对会员国提供的是中长期贷款，以促进各会员国经济的恢复与重建。目前，世界银行主要是向发展中国家提供开发性贷款，资助其兴办长期建设项目，以促进其经济增长与资源开发

续表

机构名称	基本情况	在协调方面的主要职责
巴塞尔银行监管委员会（Basel Commission Banking Surpervision）	1975 年，巴塞尔银行监管委员会成立（其成立同 1974 年发生的国际银行业危机有关）。成立该委员会的一个主要目的是建立银行监督的基本原则，促进管理者之间的沟通，以管理银行资本和风险。这是一个正式的常设机构，是中央银行监督国际银行活动的一个联席代表机构和协调机构，由国际清算银行提供秘书人员。巴塞尔银行监管委员会没有强制执行权力，其决策以达成共识的方式形成，其建议和标准的实施依赖于成员的合作。巴塞尔银行监管委员会自成立后，展开了一系列的工作，其中最重要的工作就是先后达成若干重要协议。巴塞尔银行监管委员会的这些协议或报告体现了它一贯倡导的对国际银行业进行监督管理的指导原则。其工作重点体现在三方面：一是为国际银行活动提供了一些非正式的协调指导原则和标准；二是确立了在联合和综合的基础上监督国际银行业务的技术；三是促进各国国内监督活动的强化与完善	巴塞尔银行监管委员会的积极作用体现在以下几方面：一是抑制国际银行业之间的不公平竞争。巴塞尔银行监管委员会通过的一系列协议，对国际金融关系的主体特别是国际银行的资格提出了法律性要求，这有利于国际统一监管和银行之间的公平竞争。二是规范国际银行行为。巴塞尔协议设计出以资本充足性管理为核心的风险管理模式来约束银行的贷款及防范投资的资本金风险。同时，将表外业务纳入监管体系，为国际银行业的经营行为提供了积极的建议和准则。三是稳定全球金融体系。通过巴塞尔协议，银行业的国际监督正在扩展到更多国家，越来越多的国家也已接受了这些协议，并自觉地参与到了这个国际惯例和行为规则之中，从而为稳定全球金融体系作出了积极的贡献。 巴塞尔银行监管委员会的不足之处表现在以下几方面：一是巴塞尔协议未能完全消除各国在国际银行业管理政策上的差异，这使得它的实施效果在一定程度上受到削弱。二是监管责任划分仍不明确。母国和东道国的共同监管在一定程度上意味着双方都不参与监管。三是巴塞尔协议未就最后贷款人问题做出规定，因而外国银行的分支机构都享受不到诸如获得中央银行的救助和存款保险等待遇，这将会影响到外国银行分支机构的信誉
世界贸易组织（World Trade Organization，WTO）	1995 年 1 月 1 日正式启动（取代 1948 年成立的 GATT），它是按照经济体成员国政府和立法机构批准的国际条约创建的常设经济组织。我国于 2001 年正式加入世界贸易组织。 从发展趋势来看，世界贸易组织在制定并贯彻游戏规则、调节争端、协调多边贸易政策方面将发挥越来越大的作用。对金融业而言，世界贸易组织不仅意味着金融市场准入标准的国	其职能有：一是促进共同构成世界贸易组织的双边及多边贸易协定的执行、实施和管理，并为执行上述各项协议提供统一的体制框架；二是为成员提供处理和协商有关事务的谈判场所，并为世界贸易组织发动多边贸易谈判提供讲坛和场所；三是解决成员之间的贸易争端，负责处理世界贸易组织争端解决事宜；四是监督各成员的贸易政策，按贸易政策审议机制，定期对各成员的贸易政策与措施进行审议；

续表

机构名称	基本情况	在协调方面的主要职责
	际趋同,也意味着市场监管标准的趋同,笼统地可称为增加金融体系的透明度和使金融监管符合国际惯例,其主旨是极力敦促发达国家和新兴市场国家采用并有效实施良好的监管方法	五是与制定全球经济政策有关的其他国际机构进行合作,以协调全球的经贸政策;六是为发展中国家提供技术援助和培训

除上述几个大型机构以外,还有国际证券委员会组织(IOSCO)①、国际保险监管者协会(IAIS)②、国际会计准则委员会(IASC)等③,它们也为金融监管的国际协调发挥着重要的作用。

---

① 国际证券委员会组织或协会成立于1984年,其前身是创立于1974年的旨在帮助拉美证券市场发展的"国际证券委员会及类似机构国际协会"。在国际证券委员会及类似机构国际协会1984年的年会上,与会成员国批准了一项新章程,决定将该组织转化为10个更具国际性的实体,这就是国际证券委员会组织。在1986年的巴黎年会上,该组织成员决定在蒙特利尔设立永久秘书处,它的会员组织分为正会员、准会员和协作会员,主要是证券监管机构、自律组织和有联系的国际组织,只有正会员才有投票资格。国际证券委员会组织是目前国际上唯一的多边证券监管组织,是国际证券业监管者合作的中心。

② 国际保险监管者协会是一个推动各国保险监管国际协调的组织,该协会成立于1992年,现成员数目已逾70个。国际保险监管者协会的秘书处原本设在位于华盛顿的美国全国保险监管者委员会,后来根据该协会1996年的决议,新成立的秘书处已于1998年迁往国际清算银行,从而在更大程度上便利了各监管组织之间广泛而及时的合作。国际保险监管者协会致力于保护投保者的利益和保险市场的稳定与效率,推动国际保险业更广泛的监管合作。该协会的基本工作包括为各国(地区)监管者之间的会晤与交流提供场所与机会,及向成员传达保险业监管发展的最新信息,制定各国(地区)协调一致的、非强制性的监管标准等。该协会也成立了专门的新兴市场经济委员会,制定和颁布了《新兴市场经济保险规则及监督指南》。国际保险监管者协会虽然成立较晚,但是国际金融领域的种种新的发展形势,已经使它很快成为与国际证券委员会组织和巴塞尔银行监管委员会并列的推动金融监管国际合作的重要力量。

③ 国际会计准则委员会是在会计准则的国际规范化方面做出努力的组织。该机构1973年由澳大利亚、加拿大、法国、墨西哥、荷兰、联邦德国、日本、美国和英国等国的职业会计师团体通过协议而成立。国际会计准则委员会成立后不断壮大,至今已吸纳了80多个国家的100多个会计职业团体。国际会计准则委员会由理事会、咨询集团和筹划委员会以及联合处组成,在伦敦设永久秘书处,由秘书长处理一切会务。国际会计准则委员会的主要任务就是通过制定合适的国际会计准则,实现会计工作的国际协调。它制定的国际会计准则(IAS)虽不具有强制力,但世界各国的会计准则或会计制度都或多或少受其影响。自从国际证券委员会组织加入国际会计准则委员会咨询委员会以后,国际会计准则的更新与贯彻,都得到了它的强力支持,受到了它的极大影响。1995年7月11日,国际会计准则委员会与国际证券委员会组织技术委员会达成协议,规定由国际会计准则委员会制定一套核心会计准则,作为跨国证券发行和上市公司编制会计报表的依据。

总之,从 BIS、IMF、GATT 到巴塞尔银行监管委员会,从国际证券委员会组织和国际保险监管者协会,到 1995 年开始正式运行的 WTO,金融监管国际协调与合作的主体在不断增加,它们之间的协调与合作也越来越频繁。

二、特别提款权与国际货币体系改革

(一) 特别提款权及其国际货币变革

特别提款权 (Special Drawing Rights,SDR) 是国际货币基金组织 (IMF) 在 1969 年创设的一种储备资产和记账单位。其创设的一个重要目的是解决国际流动性不足以及国际货币体系的不对称性问题,其从诞生之初就和国际货币体系改革联系在一起。

战后建立的布雷顿森林体系就是典型的以单一主权货币作为国际储备货币的国际货币体系,其不可避免地遭遇到了"特里芬难题"。在 20 世纪 50 年代,国际货币体系面临的问题主要集中在"特里芬难题"。第一方面,这个时候迫切需要新的储备资产以弥补美元储备资产,解决国际流动性不足的问题。而在 20 世纪 60 年代末 70 年代初,美元开始泛滥,各国美元储备资产不断增加,世界走向了"特里芬难题"的另一面。

SDR 最初的设想是为了解决国际流动性不足问题。20 世纪 60 年代动荡的国际金融形势为 SDR 的推出奠定了现实基础。然而,接连爆发的美元危机,使人们对以美元为中心的国际货币体系产生了质疑,美元的国际储备货币地位岌岌可危,而此时其他国家的货币又都不具备作为国际储备货币的条件。这时若不能增加国际储备货币或国际流通手段,就会影响世界经济的发展。发行 SDR,补充现有储备货币或流通手段以保持外汇市场的稳定，就成了基金组织最紧迫的任务。1967年9月，基金组织理事会通过《基于基金组织特别提款权的融资便利纲要》，并督促执董会着手修订《国际货币基金组织协定》。从1968年4月到1969年7月，经过执董会、理事会以及各成员国的批准，《国际货币基金组织协定》修订正式生效，并最终在1969年8月推出了SDR。

（二）特别提款权与国际货币体系改革

国际货币体系的不对称性决定了其不稳定性。牙买加体系下，美元供给已经不再受到黄金供应量的限制，而是服务于美国国内的经济目标。因此，美联储在未考虑到美元作为国际货币而带来的外部性时，过度发行货币造成了美元的过多供给，导致全球的外汇储备规模不断增大与全球流动性的泛滥。从1969年到2007年全球储备资产增加了近乎10 000%，1995年到2007年全球的美元储备资产也增长了近3.3倍。随着外汇储备的增长，储备货币的持有者与发行者的风险同时增加：持有者担心储备货币贬值缩水，发行者则担心由于持有者的信心丧失而造成国内经济的巨大调整，这都增加了整个国际货币体系的潜在风险。

SDR为终结这种不稳定性和不对称性提供了一种可能。SDR具有其他储备资产所无法比拟的许多优点（Clark和Polak，2002）。首先，以一篮子货币作为SDR定价的基础，保证了SDR作为储备资产购买力的稳定。其次，SDR可以降低信用风险与系统性风险。SDR分配是对世界储备的永久性增加，不存在收回的风险（除非85%投票权同意撤销），而通过借贷市场获得的储备，会面临由于国内经济条件的变化被收回的危险，新兴经济体爆发的一系列危机就是最好的说明。最后，SDR的成本更低。SDR的创造成本几乎为零,同时如果一国持有的 SDR 与基金组织分配的 SDR 相等,那么该国与基金组织就不会发生任何有关 SDR 的费用。而通过贸易盈余或国际借贷市场来获得储备资产的成本则相对较大,且不易获得。

按照基金组织当初的预想,SDR 作为重要的国际货币,将在国际清算、商品与资产标价、储备资产等各方面发挥作用。然而,从 40 年的发展历程来看,SDR 并未获得相应的地位,发挥其应有的作用。SDR 仅在 20 世纪 70 年代和 80 年代分配过两次,这使得其在整个国际储备体系的地位越来越低;SDR 的使用仅限定在基金组织等少数国际组织范围内,在私人领域的使用仍然很少;SDR 在国际贸易、大宗商品、金融资产中的定价职能作用有限。

美国金融危机发生后,国际社会重新讨论了 SDR 的分配问题。2009 年 4 月 2 日,二十国集团领导人宣布支持一个 2 500 亿美元 SDR 普遍分配计划,以增加全球流动性,同时敦促尽快完成《基金组织协定》的第四次修订。如果以上行动达成落实,这无疑会提升 SDR 在整个国际货币体系中的地位。

2009 年 3 月 18 日,美联储宣布购买 3 000 亿美元长期国债和 1.25 万亿美元抵押贷款证券,美国的"定量宽松"货币政策虽然遭到多方非议,但并没有阻止美元的泛滥和无节制地发行,导致世界各国美元外汇储备价值缩水风险进一步增大。一方面美元大量流向世界,另一方面各国对美元的任意发行又没有任何制约机制,美元的特权超越了国家范畴。美国的做法越来越被一些发达国家和经济体效仿。4 月 2 日,欧洲中央银行宣布将主导利率从 1.5% 下调至 1.25%,并宣布在未来将"很有分寸"地进一步降息,同时还将采取一些"非常规的措施"促进经济复苏。鉴于欧洲经济衰退的持续深化,降息的作用和空间越来越小,欧洲央行未来采取何种"非常规的措施",市场纷纷猜测。依照欧洲央行的解释,"非常规的措施"包括向银行提供长期贷款,或者通过增发货币购买欧元区公司债等。尽管受欧盟法律和欧元区成员国之间协调困难的限制,欧洲央行通过增发货币直接购买各国国债的难度较大,但一旦成形,就意味着大量向市场投放欧元,欧元外汇储备价值缩水的风险也将随之而来。

2016年7月25日国际货币基金组织(IMF)称,该组织已经采用了一种新方法来计算其特别提款权(SDR)中的货币量,这在一定程度上是为了确保人民币能达到该组织理事会想要的权重。

这种变化将适用于2016年10月1日进行的一次历史性的特别提款权货币篮子重整,届时这个货币篮子将首次将人民币包含在内,这将给人民币带来最有价值的储备资产的地位,并使其更加接近于成为一种可自由使用的货币。

国际货币基金组织于2016年9月30日设定美元、欧元、日元、英镑和人民币各自的相对货币量以决定其权重,并在随后五年时间里保持权重不变。

IMF执行董事会于2015年11月30日确认将人民币纳入SDR货币篮子,并表示人民币将于2016年10月1日成为该篮子中的第五种货币。

SDR篮子纳入人民币后,各种货币的权重将分别为,美元41.73%,欧元30.93%,人民币10.92%,日元8.33%,英镑8.09%。

IMF认为,人民币纳入SDR货币篮子将使得货币篮子多元化,并更能代表全球主要货币,从而有助于提高SDR作为储备资产的吸引力。

人民币的正式"入篮",势必会在未来加大全球对人民币资产的配置需求。人民币加入SDR,是人民币融入全球体系的重要里程碑,意味着国际社会对人民币国际化改革成果有效肯定,也是中国在全球金融治理体系中话语权得到提升的表现。

三、巴塞尔协议章程及其修订

（一）主要的国际金融监管章程

三个《巴塞尔协议》。

巴塞尔银行监管委员会是国际清算银行"银行管理和监督常设委员会"的简称，是国际金融监管、协调和合作的主要国际机构。巴塞尔银行监管委员会制定并通过了一系列以《巴塞尔协议》为总题目的国际协定和文件，这些协定和文件是比较系统化的规范国际金融机构和国际金融活动的规则。巴塞尔银行监管委员会公布和通过了以下主要文件。

1975年12月，十国集团和瑞士中央银行批准了《对银行的外国机构的监管》，这一文件被后来国际社会称为第一个巴塞尔协议。它制定了国际合作监管的指导原则。这些原则包括任何银行的外国机构都不能逃避监管，在这方面母国和东道国应共同负责。东道国有责任监管在其境内从事金融经营活动的外国银行；东道国和母国应共同分担监管责任。跨国银行的流动性主要由东道国负责监管，但是其子银行的流动性应由其总行负道义上的责任。跨国银行外国分行的清偿力主要由总行负责，但是其外国子银行的清偿力的监管则主要由东道国负责。为了促进合作，跨国银行所在国的监管机构和跨国银行分支机构所在国的监管机构不应局限于银行保密法，而应相互提供信息。东道国应允许跨国银行总行直接检查其海外机构，或者跨国银行总行应允许东道国当局代为检查。

1983年5月，巴塞尔银行监管委员会又通过了《修改后的巴塞尔协议：对银行国外机构监管的原则》，这被称为第二个巴塞尔协议，它对第一个巴塞尔协议做了补充。协议重申应当使用综合监管法来检查一家银行的全球营业，而且应当考虑对跨国银行的最后贷款人在母国和东道国之间的责任分担问题。在监管方面，母国和东道国不仅应责任分明，而且应互通信息，密切合作；该协议在外国银行机构类型划分中新增了一项条款，即持有银行全部或多数股权的工商业公司属非银行机构；协议强调任何银行不得逃避监管，而且这种监管是充分的，因此，如果母国金融监管当局对其银行的海外分支机构监管不够充分，东道国可以禁止这些银行在其境内经营，或者它有权加强对这些银行分支机构的监管，另外即便母国金融监管当局对其银行实施了综合监管，东道国仍然有权拥有对其个别银行分支机构进行监管的权力；确定了监管责任的分工体系，规定了分行的清偿能力的监管由母国金融监管当局负责，但是其子行的清偿力监管则由东道国和母国共同负责，东道国当局之所以要担负责任，是因为子行是其境内的独立法人，母国金融监管当局之所以要担负责任，是因为子行是其综合监管的一部分。在流动性方面，分行的流动性管理改为由母国和东道国共同负责，由总行控制分行的流动资产和流动负债，总行一般从全球角度综合管理其流动性，子行和合资银行的流动性监管虽仍由东道国承担，然而总行也应开具保函，保证对子行提供备用信贷。在外汇头寸方面，外国机构的外汇头寸监管由母国和东道国共同负责，跨国银行总行管理其全球外汇头寸，东道国只监管其境内的外汇交易和外汇头寸。

  1988年的巴塞尔协议为《关于统一资本衡量和资本标准的协议》。该协议规定了资本的构成，它应分为核心资本和附属资本两部分，且两部分之间应保持一定的比例。核心资本主要由其实收资本和公开储备组成。实收资本包括已发行和缴足的普通股和永久非累积性优先股。附属资本主要包括资产重估储备、普通准备金或一般贷款损失准备金等。附属资本的规模不能超过核心资本。该协议将资产负债表内的资产,按信用风险划分为0、10%、20%、50%和100%五个风险权数,表内风险资产由表内资产和其相应的权数乘积决定;对资产负债表外资产,则按确定的信用转换系数换算为相应的表内资产的风险权数,即表内资产=表外资产×信用转换系数×表内相同性质资产的风险权数。

1997年,巴塞尔银行监管委员会颁布了《有效银行监管的核心原则》(以下简称《核心原则》),该原则是巴塞尔银行监管委员会继《巴塞尔协议》之后推出的又一份重要文件,它顺应了新的经济、金融发展的形势。《核心原则》共25条,其基本内容可概括为七类,即银行业有效监管的先决条件[①]、获准经营的范围和结构[②]、审慎管理和要求[③]、银行业持续监管的方法[④]、信息要求[⑤]、监管人员的正当权限[⑥]以及跨国银行业监管[⑦]。它的公布推动了国际银行业

[①] 规定监管机构要有明确的责任和目的,各个金融监管当局应拥有适当的人力和物力资源,能自主地实施监管,在监管者之间共享监管信息并对所获信息进行保密安排,有相应的、适当的银行监管法规框架。

[②] 规定对银行机构和人员方面的监管,包括对新银行的审批、对高级管理人员的资格审查、银行股权的转让、银行的重大收购或投资等,应达到的最低标准。

[③] 规定监管者应要求银行达到1988年《巴塞尔协议》中关于资本金的最低要求;监管者应要求银行加强信用风险管理,建立稳健的信用审批、监测的标准和程序,建立资产分类制度和资产质量评估政策,防范集中性风险,控制关联贷款的发放;监管者应要求银行建立有效、充分的内部控制机制和风险管理系统,加强对市场风险、主权风险和其他风险,如利率风险、流动性风险、可操作性风险的管理和控制。

[④] 规定监管者应能在综合并表的基础上对银行实施现场检查和非现场检查,并保持与银行管理层的定期联络。

[⑤] 规定监管者应确保银行的财务登录符合会计原则和会计惯例,以便准确、公平地评价银行的财务状况及盈利能力,并保证银行定期发布的财务报表真实地反映其状况。

[⑥] 规定监管者应掌握充分的监管手段,以便在监管当局做出种种努力后,银行仍不满足审慎监管要求,如最低资本充足率要求时,监管者能采取及时的纠正措施或行动。

[⑦] 规定监管者必须实施全球性综合并表监管,加强监管的国际合作,保证监管信息在监管者之间的流动和对外保密。

经营与监管方面的变革,对于实现银行业的有效监管,防范金融风险,加强金融监管的国际协作具有重要意义。

1999年6月,巴塞尔银行监管委员会推出了《新的资本充足比率框架》征求意见稿①(以下简称新协议),提出了更复杂、更具有风险敏感性的框架和管理规则。在信用风险方面,新协议提出了标准方法和基于内部评级的基础方法和高级方法,强调了三大支柱在现代监管体制中的作用,进而提出了衡量资本充足率的新思路、新方法。

新协议的主要内容体现在"三个支柱"中,支柱一为"最低资本要求"②,支柱二"资本充足性的监管约束"③ 和支柱三"市场约束"④ 为支柱一的补充手段,三个支柱必须协调使用才能真正实现

---

① 1988年的《巴塞尔协议》中的最低资本要求主要是针对信用风险而言的,其他风险没有考虑在内,这显然不符合国际银行业发展的实际。为此,巴塞尔银行监管委员会于1996年颁布了《巴塞尔资本金协议市场风险修正案》,把市场风险纳入协议中。然而,监管与逃避监管是一个不断反复的过程,在《巴塞尔协议》实施后,逃避监管或钻监管空子的活动就没有停止过,资产证券化的急剧发展就是一个例子。此外,《巴塞尔协议》有关以 OECD 国家和非 OECD 国家为基础确定风险权重的规定一直是人们攻击的对象。

② 最低资本要求包括三个方面:资本的定义、最低资本充足率和风险的衡量。最低资本要求的方案建立在1988年协议内容的基础上,新协议保留了现有的资本定义以及8%的资本与风险权重资产比率的最低要求。新协议改善了风险度量方法,资本充足率公式分母中的信用风险度量更趋精密。新协议提供了两种信用风险度量方法,第一种是标准法,第二种是基于内部评级的方法(简称IRB法)。IRB法又可进一步分为基础IRB法和高级IRB法。使用IRB法必须事先向监管当局申请,监管当局依据巴塞尔银行监管委员会的标准决定是否批准。

③ 这部分是第一次被纳入协议框架中。新协议认为,为了促使银行的资本状况与总体风险相匹配,监管当局可以采用现场和非现场稽核等方法审核银行的资本充足状况。监管当局应当考虑银行的风险化解情况、风险管理情况、所在的市场性质、收益的可靠性与有效性等因素,全面判断银行的资本充足率是否达到要求,在其资本水平较低时,监管当局要及时对银行经营活动进行必要的干预。

④ 市场约束机制是第一次被正式引入,它体现了现代公司治理结构研究的重大进展,其作用在于进一步强化资本监管和促进银行体系运作中的安全与稳健。新协议充分肯定了市场具有迫使银行合理地分配资金及控制风险的作用,市场奖惩机制可以促使银行保持充足的资本水平,支持监管当局更有效地工作。为了市场约束的有效实施,必然要建立银行信息披露制度。新协议规定:a. 银行必须披露关于资本结构的扼要信息;b. 银行必须对每一风险领域提供定性和定量信息;c. 银行应披露按协议要求的方法计算的资本率,以及关于其评价资本状况的内部程序的定性信息;d. 银行每年至少披露一次,必要时还应增加。

新协议的主旨。

(二) 有效银行监管核心原则的修订

金融危机的爆发显现出全球银行体系的脆弱,银行危机的频繁发生加剧了经济衰退,面对严峻局面各国政府逐渐认识到必须加强国际合作,改善危机防范和管理机制。那么,什么样的金融监管体系才是好的监管体系,怎样利用有限资源建立起这样的金融监管体系成为许多国家尤其是发展中国家面临的问题。

巴塞尔银行监管委员会从推出有关章程以来,一直致力于金融监管的完善。委员会在总结主要工业国家银行监管的成功经验和广泛征求新兴国家意见的基础上,平衡折中了发达国家设置高标准的愿望和新兴国家尊重各国不同发展阶段的认识,提出了衡量银行监管有效性的最低标准。例如,1997年9月,巴塞尔委员会发布《有效银行监管核心原则》。1999年10月,巴塞尔委员会又联合世界银行和国际货币基金组织,出台了较原则更加清晰明了、更富可操作性和便于执行、检查与评估的具体标准。

有效银行监管核心原则在发达国家的全面实施以及世界银行与国际货币基金组织通过金融部门评价项目(Financial Sector Assessment Program, FSAP)的推动下,已得到超过150个国家的认可[1],成为带有一定强制性色彩[2]的银行监管领域最为重要的国际标准。

2004年底,巴塞尔委员会开始对1997年版的《有效银行监管核心原则》和1999年版的《核心原则评价方法》同步进行修订,

---

[1] See WB&IMF, Implementation of the Basel Core Principles for Effective Banking Supervision, Experiences, Influences, and Perspectives.

[2] See Robert P. Delonis, International financial standards and codes: mandatory regulation without representation, 36 N. Y. U. J. Int'l L. & Pol. 563 (2004). Also see Duncan E. Alford, Core principles for effective banking supervision: an enforceable international financial standard?, 28 B. C. Int'l & Comp. L. Rev. 237 (2005).

在面向各国监管当局、银行业界和社会公众广泛征求意见的基础上，2006年10月在墨西哥召开的第14届国际银行监督官大会上，巴塞尔委员会正式颁布新版核心原则及其评价方法。

第三节 二十国集团与全球金融治理

G20作为一个国际机制的历史背景，二十国集团（G20）机制的诞生有着深刻的历史背景。第二次世界大战后，以IMF、世界银行、关贸总协定（世界贸易组织）为代表的三大国际经济组织构成了全球经济治理的基石，也构成了西方发达国家在全球经济治理中的主导地位，发展中国家经常处在"被治理"的尴尬位置。冷战后，经济全球化的迅猛发展和一批新兴经济体的崛起，促使发达国家逐渐形成一种共识：没有发展中国家的积极参与，尤其是没有新兴经济体的参与，有效的全球经济治理就无法实现。正是在这样的背景下，G20机制应运而生。

一、二十国集团（G20）机制的建立

（一）亚洲金融危机与G20机制的发端

G20机制是在处理和解决全球金融危机过程中形成的，"马尼拉框架小组"可以看成是G20机制的雏形。1997年7月，一场始于泰国的东南亚金融危机爆发，随后危机蔓延到整个亚洲地区，尤其是韩国、印尼等新兴市场国家损失惨重。导致危机爆发的因素很多，其中一个重要诱因是新兴市场国家金融监管未能跟上金融全

化的步伐，如监管不透明、监管标准不统一等。

在全球化时代，一国的金融风险很容易蔓延到其他国家，甚至扩展为整个国际金融系统的风险，而且任何单一国家力量都不足以应对这种风险，因而必须在国家之间建立起有效的国际金融政策协调机制和全球金融治理机制。

根据《国际货币基金组织协定》规定，IMF应帮助成员国克服短期性国际收支失衡，以提供政府间贷款的方式来缓和成员国的外汇短缺困境，维持币值稳定及协调国际货币秩序。但当面对亚洲金融危机现实时，IMF的救援显得迟缓、软弱，并且附加了"苛刻"条件，遂遭到亚洲国家的激烈批评和抵制。例如，IMF在与韩国签订贷款协议时，要求韩国大幅度开放其金融市场，允许外国银行或非银行金融机构进入韩国市场，并规定在韩国的外国银行或企业可以全面参与韩国证券交易活动。这些"附加条件"受到韩国民众的强烈抵制，以致有人把韩国与IMF签订贷款援助协议日定为"国耻日"。又如，IMF与印尼签署贷款协议时，不仅要求其削减财政开支、紧缩通货、扩大并开放金融市场，同时还要求其政府实行政治体制改革，最终导致印尼大规模的社会动荡和政府更替。实际上，在应对亚洲金融危机的救援中，无论是接受贷款国还是资金援助国，都对IMF这一正式国际组织的危机应对方式和效果提出质疑。这实质上也暴露了现行全球金融治理机制的弊端。

1997年11月18—19日，14个太平洋国家的财政部、央行官员与IMF、世界银行、亚洲开发银行官员，在菲律宾的马尼拉召开非正式会议，共同商讨金融危机应对之策。他们以谋求共识而非达成法律协议为目标，交流信息，坦率争论，会后一致认为会议取得了良好效果。与会各方也因此逐渐认同了这种与IMF完全不同的"恢复地区金融稳定的新型协调方式"，并将这种非正式国际政策协调方式命名为"马尼拉框架小组"。值得注意的是,马尼拉框架小组的成员构成中,美国、加拿大、日本都是 G7 国家,对于 G7 这一非正式机制的运作十分熟悉,因而很快就能适应并主导"马尼拉框架小组"的非正式运作模式。同时,由于中国、韩国、印尼、澳大利亚等亚太重要国家的加入,"框架小组"对本地区金融稳定议题的讨论更加彰显平等性、代表性和有效性。"框架小组"机制运作的非正式性和机制构成中新兴经济体平等参与的包容性是该机制区别于 IMF 等正式国际组织的主要特征,也是后来"框架小组"演变成 G20 机制的主要因素。

(二)金融危机的处置与 G20 机制的形成

1999 年 12 月 15 日,首届 G20 财长、央行行长会议在德国柏林正式召开,这是 G20 的创始会议,标志着 G20 机制的诞生。

在柏林会议上,成员国在讨论国内和国际经济政策的关系时强调,应更多关注全球经济作为一个整体所具有的风险和脆弱性,而非每个成员国自己的经济状况和表现。从金融监管角度看,各成员国国内良好的宏观经济政策是应对国际金融危机的最有效手段,然而仅仅一国层面的经济良好显然远不足以解决全球金融危机,还必须在成员国之间开展有效的宏观经济政策协调,包括汇率政策、资本账户开放、债务危机管理、金融监管等,这凸显了全球金融治理的紧迫性和重要性。而 G20 机制在全球金融治理方面的作用是显而易见的,其短期效应是积极预防和应对金融危机,其长期效应有利于世界经济稳定。

可见,柏林创始会议在 G20 机制发展史上具有里程碑意义,它标志着 G20 机制的诞生,开创了国际金融治理的新模式。由于 G20 机制在成员构成上的包容性,新兴经济体开始主动地在全球经济治理中发挥作用，加之，会议形式上的开放性和非正式性，成员国可以坦率地交流各自看法，分享彼此应对挑战的经验，从而使得其在全球金融治理中发挥了积极的作用。

二、G20 峰会的形成与全球金融治理

二十国集团峰会（G20）作为协调全球经济事务的首要平台，是全球性大国共同治理世界经济的新机制。之所以说其新，并非仅仅指时间上的新（1999 年成立），而重在机制的新。2008 年全球金融危机促使其升格为领导人峰会，2009 年 G20 匹兹堡峰会确认了其首要平台的身份。

从 2008 年 11 月到 2016 年 9 月，G20 先后在美国华盛顿、英国伦敦、德国匹兹堡、加拿大多伦多、韩国首尔、德国戛纳、墨西哥洛斯卡沃斯、俄罗斯圣彼得堡、澳大利亚布里斯班、土耳其塔利亚和中国杭州召开了 11 次峰会。各方以二十国集团为制度平台进行了紧密政策协调与合作，在改革既有国际金融机构和国际经济运行规则方面达成了诸多共识，并联手采取了一系列经济刺激计划，使得世界经济没有重现 20 世纪 30 年代大萧条那样的严重后果。

虽然当前的 G20 机制最初是为应对美国引发的全球金融危机而产生的，但是其初衷就是"为发达国家和新兴市场国家开展平等对话提供一个平台"。迄今为止，这一平台在应对国际金融危机方面发挥的作用有目共睹，但是在推动全球经济平衡发展方面的作用尚待观察。

尽管 G20 被誉为世界经济领域的"联合国"，但是其没有常设的秘书处和工作人员，而是由当年主席国设立临时秘书处来协调集团工作和组织会议。这种非机制化的设计使 G20 在从危机应对转为

长期治理机制方面存在困难。

在现有的国际经济秩序下,由于缺乏发展中国家的广泛参与,仅仅通过外围的"修补"已经无法扭转世界经济不平衡。在国际组织和国际秩序普遍受制于发达国家的情况下,当前的世界经济无法通过自我调节实现再平衡。改变这种局面不仅需要发达国家作出让步,更需要发展中国家积极参与,利用自己的人口、市场和资源等优势,争取国际经济治理格局的重构。

有鉴于此,在已召开的历次峰会上,二十国领导人都强调加强金融监管,对所有具有系统性影响的金融机构、金融产品、金融市场、对冲基金、信用评级机构、企业高管薪酬实施监管和监督,完善会计准则和金融企业资本金,对拒不合作的"避税天堂"采取行动。

此外,G20机制在金融监管重建领域的重要成果之一是创立了金融稳定委员会(FSB),与国际货币基金组织一起对宏观经济和金融危机风险发出预警,并采取必要行动解决危机。伦敦峰会和匹兹堡峰会时,领导人承诺一致行动,提高资本标准,执行强有力的国际薪酬标准,结束过度风险偏好的行为,完善柜台交易衍生品市场,创造更强有力的工具,确保跨国大公司承担其所带来的风险,大型全球金融公司承担的标准应该与它们所带来的风险代价相匹配。为保证上述目标的实施,还制定了执行上述共识的时间表。其目的在于加强对国际金融体系的监管,进一步提高金融市场运作的透明度,避免金融市场参与者不顾风险的短视行为,最大限度地减少银行业的风险,保障存款人和投资人的利益,保证金融体系的安全、金融机构的稳定和金融资产价格的泡沫不至于过多,保证全球金融体系安全有序运行,以完善体制、提高透明度,阻止过度的冒险活动,抵御波及整个金融系统的风险,缩短金融和经济周期,防范类似危机再度发生,进而保证全球经济的可持续发展。

随着各项金融政策的贯彻执行,以及超低利率和定量宽松货币政策释放大量流动性,国际金融市场渐趋稳定,消费和投资开始缓慢恢复,经济结束快速下滑的局面并逐步走稳。

三、G20 中全球性大国的竞争与合作

G20 成员包含重要性经济体,其 GDP 占到全球 GDP 的 80% 以上,人口占到了全球人口的 60% 以上。但是,G20 成员内部之间也存在着一定的问题,换言之,G20 成员国之间的竞争与合作也是 G20 机制不可回避的问题。

2008 年爆发的全球金融危机凸显了全球经济治理的缺陷,治理赤字问题相当普遍,经济全球化和治理碎片化是难以调和的一对矛盾。究其根本,是治理主导权的严重失衡,具体表现在西方发达大国在全球经济治理机制中的决策机制、议题设置、规则制定和话语主导四个方面的优势,而发展中群体则处于相对弱势一方。

近年来新兴市场国家的群体性崛起虽然已经改变了世界经济格局的力量对比,但是在全球经济治理主导权方面却没有实质性的改善。全球经济治理的决策机制。就全球经济治理的决策机制而言,西方发达大国尤其是美国的绝对优势影响着全球治理的效果。

此轮全球金融危机爆发之前,在 G7 的领导之下,世界经济的三大重要领域——金融、贸易投资和发展分别由国际货币基金组织(IMF)、世界贸易组织(WTO)和世界银行(WB)管理,除了 WTO 实行的是一国一票外,美国在 IMF 和 WTO 中都占有最大的份额,并且具有一票否决权,而新型经济体国家在这些机构中的话语权非常有限。

此外，世界银行的行长自建立以来一直是由美国籍人士担任，一如 IMF 的总裁职位一直在欧洲人手里。对于全球经济治理决策机制的不对等格局，虽然国际社会有改革的共识，但是迟迟没有采取实质性的改革行动。直到此轮全球金融危机袭来，发达国家需要获得新兴市场国家的支持，才在 2008 年 11 月 G20 首次峰会公报中明确了对国际金融机构进行改革"以适应世界经济的变化和全球化的新挑战，新兴市场国家和发展中国家，包括贫穷国家在内，必须有更大的话语权和代表权"。

2009 年匹兹堡峰会承诺，"将一部分配额向新兴市场和发展中国家转移；至少应该按照 IMF 现行的配额计算公式从那些过度代表的国家向那些代表性不足的国家转移 5% 的配额"。世界银行将通过动态公式实现公平地投票。要提高发展中国家至少 3% 的投票权。

2010 年，世界银行和国际货币基金组织的份额改革进入一个高潮期，但是权力的让渡主要发生在欧洲国家与新兴市场国家之间，美国投票权并没有受到实质性影响。世界银行在 2010 年 4 月春季会议上通过了发达国家向发展中国家转移投票权 3.13% 的改革方案，使发展中国家整体投票权从 44.06% 提高到 47.19%。在这次投票权改革中，除俄罗斯和沙特阿拉伯没有变化外，韩国、土耳其、墨西哥、巴西、印度等国的投票权都有不同程度的增加。

美国投票权由 16.36% 下降至 15.58%，日本投票权比例从 7.85% 下降至 6.84%，英国、法国由 4.17% 下降到 3.75%，德国由 4.35% 下降到 4.00%，意大利由 2.71% 下降到 2.64%。中国增幅最大，达 1.65%，投票权从 2.77% 提高到 4.42%，占让渡投票权的一半，成为世行第三大股东国。印度由 2.7% 上升到 2.91%，韩国由 1.0% 上升到 1.6%。但是，美国的一票否决权没有改变。

国际货币基金组织的改革从 2008 年开始启动，并逐步推进。在第 14 次份额总检查的框架下，作为基金组织的主要资金来源，成员国份额将从 2008 年份额与发言权改革期间商定的 2 384 亿美元特别提款权增加一倍至 4 768 亿美元特别提款权。此次改革方案使得 IMF 总份额增加一倍，同时份额比重大幅调整，这将更好地反映基金组织成员国在全球经济中的相对权重的变化。

2012 年底进行的份额调整超出 2009 年 10 月各国财长和央行行长们设定的目标，即将至少 5% 的份额比重转移到有活力的新兴市场和发展中国家，实现了大于 6% 的份额转移，同时保护了最贫穷成员国的投票权比重。按照改革后重新分配的份额比重，美国份额由 17.66% 下降为 17.39%，依旧保持超重大决策否决权。中国则由 3.99% 上升为 6.39%，增幅较大。

改革后，基金组织的十个最大成员国是美国、日本、"金砖四国"（巴西、中国、印度和俄罗斯联邦），以及四个最大的欧洲国家（法国、德国、意大利和英国）。

鉴于美国的消极态度，IMF 在 2015 年年报中指出："我们对 2010 年基金组织份额和治理改革的一再延迟仍深感失望。我们认识到这些改革对于基金组织的可信性、合法性和有效性非常重要，因此重申尽早落实这些改革仍是我们工作的重中之重。我们继续敦促美国尽快批准 2010 年改革。"

从目前的改革进程看，G20 在推动 IMF 和 WB 等国际金融组织的改革并未从根本上改变美国在其中的决策主导权以及在全球金融治理中的地位，一票否决权的存在保障了美国在全球金融治理中的权力地位。

G20 在塑造全球经济治理未来的同时，全球性大国也在塑造着 G20 的未来。G20 是首个由西方发达大国和新兴市场大国共同磋商和协调全球经济事务的新机制，在这之前是七国集团（G7）占据着第二次世界大战后全球经济事务协调的核心领导位置；由于 G20 本身仍然处于机制建立的初期阶段，就未来长期全球经济治理而言，G20 能在多大程度上发挥领导力还面临很多不确定性因素。

可以预见，未来全球经济治理的议题设置还有很多不确定因素，而 G20 框架下的议题设置与全球经济形势密切相关，而这又决定了成员国之间合作与竞争的态势。总之，未来 G20 机制发展中的大国合作与竞争的因素还存在很多未知因素，G20 的发展任重而道远。

第三章 全球治理下的金融监管重建

第一节 布雷顿森林体系的建立与美元的霸主地位

一、国际货币体系的瓦解和货币集团的形成

1929—1933年的资本主义经济大危机席卷了整个资本主义世界。欧美各国先后爆发了货币信用危机，大批银行纷纷倒闭，整个信贷制度濒于崩溃，各国先后废止金本位，实行货币贬值。从此货币集团林立，资本主义国际货币体系瓦解，国际金融混乱，资本主义世界货币战、关税战、贸易战盛行。1929—1933年的世界经济大危机后，接着是5年左右的持续萧条，在没有经济新高涨的条件下，又爆发了1937—1938年的世界经济危机。随着关税战、贸易战、资源争夺战、货币战的日益加剧和帝国主义国家间各种矛盾的极度尖锐化，终于爆发了第二次世界大战。

各国放弃金本位制，必然引起以金本位制为基础的资本主义国际货币体系的瓦解，意味着日益加剧的货币战和国际金融关系的空前混乱。资本主义国际货币体系瓦解的最重要标志是各货币集团的

形成及其相互间的矛盾斗争。在纸币制的基础上，主要发达国家又把一些在贸易、金融上与其有密切联系的国家以及国外殖民地联在一起，组成货币集团，建立其内部的依附性的汇率制度。主要的货币集团有英镑集团、美元集团和法郎集团，后来这些集团又先后发展为英镑区、美元区和法郎区。首先建立的是英镑集团。1931年9月英国放弃金本位和汇价下跌后，以英国为核心联合与它经济关系密切的国家，包括英帝国成员国及其他一些国家组成了所谓"英镑集团"。在除加拿大以外的英联邦各国和地区，以及爱尔兰、冰岛、马尔代夫、科威特、约旦、阿曼、巴林、卡塔尔、阿联酋、也门、塞拉利昂等国用英镑当基准货币，各国货币的汇率以英镑为准，可以自由兑换，贸易、信贷都用英镑结算。1936年参加该集团的有希腊与伊朗。英镑集团各国，各国货币对英镑保持固定比价，随英镑的变动而改变汇率。区内各国货币可以自由兑换，贸易、信贷都用英镑结算。资金移动在区内不受限制，对区外国家则须经外汇管理机关批准。区内各国和各地区收入的黄金和美元须按一定的比例售给英国财政部，集中存入"美元总库"，作为英镑区的共同储备。各国并以英镑作为它的主要的外汇储备，英镑集团虽然是一个松散的非正式组织，但在当时是势力最大的货币集团，具有一定的排他性。它是英国为其经济扩张，同美国等国家相对抗，以争夺国际市场的工具。1971年世界货币危机深化后，不少成员国的货币与英镑脱离联系。1972年6月英国政府宣布英镑实行浮动汇率，对区内资金移动加以监管，英镑区的范围缩小到了只包括英国本土和爱尔兰，英镑区基本上瓦解了。

在英镑集团成立的影响下，为保卫本身的货币金融利益，并与英镑集团相对抗，紧接着又出现了美元集团和法郎集团。美元集团是美国控制下的排他性国际货币集团，1934年美国废除金本位制、实行美元贬值后所建立。美元集团不像英镑集团、法郎集团那样用法律形式固定下来。区内各国货币对美元保持固定比价，对外贸易不实行外汇监管，并把大部分黄金和外汇储备存于美国，贸易结算通过美元进行。这样美国通过这个以美元为主的区内附属性汇率制度，增强其对世界市场和原料产地的控制。美元集团主要包括美国及其属地，玻利维亚、加拿大、哥伦比亚、哥斯达黎加、利比里亚、多米尼加、巴拿马、菲律宾、委内瑞拉等国都是美元集团的成员。

法国也纠合其原属殖民地国家组成了法郎集团。法郎集团是法国控制下的排他性国际货币集团，法郎区的成员主要是法国和当时的法国殖民地、托管地。其成员国主要有法国、塞内加尔、马里、象牙海岸、上沃尔特、贝宁、尼日尔、多哥、喀麦隆、乍得、中非、加蓬和刚果等。区内各成员国货币都与法郎保持固定比价，区内贸易用法郎结算，资金流动不受限制，黄金外汇储备集中在法国保管。法国殖民地和托管地纷纷独立后，有些国家退出了法郎区。

由于英镑区、法郎区和美元区的存在，世界上出现了以英镑、法郎和美元为中心的三个依附性汇率体系。这样世界外汇活动就主要集中在英镑、法郎和美元之间，世界各国五花八门的外汇交易就简化为以几个大国货币为主的体系。而这些大国则利用各自的货币集团控制成员国，对抗其他货币集团，使外汇交易向有利于这些大国的方向发展。1929—1933年的世界经济危机结束了20年代西方国家相对稳定时期，相对稳定的货币制度——金本位制也随之瓦解了，各种对立的、排他性的货币集团及其依附性的汇率制随之出现，以帝国特惠制为代表的贸易保护主义盛行一时。这一切使得国际贸易和金融关系受到严重影响而处于混乱和动荡之中。不难看出，这种国际金融的混乱和动荡对第二次世界大战的爆发所起的催化作用。

德、日法西斯也组成了以自身为核心的货币集团。法西斯德国建立了马克集团即双边清算集团。参加的成员国是被德国占领或控制的国家。日本组建的日元集团包括其殖民地和它占领的中国地区，第二次世界大战中又扩展到它侵占的缅甸、荷属印度、马来西亚及菲律宾等地。马克集团与日元集团，实际上是在武力威胁下强制形成的封闭性货币集团，完全由德、日法西斯操纵为其侵略战争需要服务，包括在划拨清算制度下通过清算账户强迫掠夺占领地区。

20世纪30年代货币集团的林立与相互对抗，使国际贸易与金融受到了更多的阻碍与干扰。为此曾召开过国际会议，如1933年6月国际联盟就在伦敦召开过"世界通货经济会议"，有66国参加，主旨是讨论1929—1933年危机后稳定各国币值、降低关税、取消外汇和贸易限制等问题。由于参加国之间矛盾重重，尤其在稳定美元、英镑、法郎等主要货币汇率上无法取得协议，会议没有达成最终结果。在废止金本位后，通货危机不断扩展，多数通货的黄金平价比1929年贬低了40%~60%。实行外汇监管国家的数目，1936年多达30个国家和地区。为保卫本国货币的汇价，各国还采取过设立"汇兑平准基金"的办法。英国自1932年起即陆续增加这种基金数额，美国于1934年建立20亿美元的外汇基金，其他国家，如加拿大、法国、荷兰、瑞士也建立了汇兑平准基金。这种基金对维持、调整本国货币的对外汇价所起的作用是有限的。

1936年9月，美、英、法三国从本身利益出发，企图恢复国际货币秩序，还达成过"三国货币协定"。按照协定，三国同意维持协定订立时的汇价，尽量不再实行货币贬值，并共同合作来保持货币关系的稳定。该年10月，美、英、法又签订了《三国黄金协定》，三国间可自由兑换黄金。货币战、外汇战在当时似有某些缓和，但由于主要资本主义国家已分裂为几个货币集团，国际货币关系充满着矛盾与冲突，《三国协定》最终未能促使货币战的休战，实际上各方转入了更复杂的争夺。随着黄金集团彻底瓦解，帝国主义国家加紧备战和黄金外流加剧，《三国协定》被冲垮了。以上事实说明，第二次世界大战前的资本主义国际金融关系既复杂混乱，又波动频繁。

第二次世界大战全面爆发的 1939 年，为加强外汇监管，英镑集团和美元集团分别改成英镑区和美元区，比货币集团时期的约束力大大加强了。随着德、日法西斯的战败投降，马克集团与日元集团烟消云散。1944 年布雷顿森林会议建立起以美元为中心的战后资本主义新的国际货币体系，结束了第二次世界大战前货币集团林立的局面。

二、第二次世界大战后美国对欧洲的援助

第二次世界大战期间，欧洲各国遭受了巨大的战争创伤，战后，各国均面临着巨大的经济困难。战争还留下了巨大的后遗症：纳粹德国曾经占领了 14 个欧洲国家，这些国家的经济都被纳入战争轨道。要把战时经济改变为平时经济，需要大量资金进行固定资产的更新和技术改造，这对于当时黄金外汇储备枯竭、资金拮据的西欧国家来说是难以独自完成的。此外，第二次世界大战时期，美国曾通过租借法案向盟国提供军用物资。从 1945 年起，美国停止实行租借法，这对依赖该法令的实施而增加进口的国家，尤其是对英国的打击很大，它不得不要求美国提供紧急贷款。

在此情况下，美国对欧洲进行了善后救济，实行了名为马歇尔

计划（Marshall Plan）的援助，非但避免了第一次世界大战后的战债和赔款问题，还帮助欧洲国家恢复经济和着手重建。

美国执行"马歇尔计划"最主要的考虑是为战时大大膨胀的工业生产能力寻找市场。1947年美国出口总额占国民生产总值的7%左右。据美国商业部估计，要适应美国现有的工业生产能力，对外贸易至少要占国民生产总值的20%以上。美国需要更广大的市场，而西欧却没有钱来进口重建物资。在这种情况下，以适当数量的美元叩开西欧市场的大门，对美国来说是合算的。

"马歇尔计划"是《欧洲复兴计划》的通称，是第二次世界大战后美国争夺全球战略重点——欧洲的扩张计划。1947年6月5日，国务卿G. C. 马歇尔在哈佛大学发表演说，首先提出援助欧洲经济复兴的方案。他说：欧洲经济濒于崩溃，粮食和燃料等物质极度匮乏，而其需要的进口量远远超过它的支付能力。如果没有大量额外援助，就会面临性质非常严重的经济、社会和政治危机。他呼吁欧洲国家采取主动，共同制订一项经济复兴计划，美国则用其生产过剩的物资援助欧洲国家。1947年7—9月，英国、法国、意大利、奥地利、比利时、荷兰、卢森堡、瑞士、丹麦、挪威、瑞典、葡萄牙、希腊、土耳其、爱尔兰、冰岛16国的代表在巴黎开会，建立了欧洲经济合作委员会，决定接受马歇尔计划（1948年4月，德国西部占领区和的里雅斯特自由区也宣布接受），提出要求美国在4年内提供援助和贷款224亿美元的总报告。1948年4月3日美国国会通过《对外援助法案》，使这一计划具备了法律形式。其主要内容：美国拨款一百多亿美元援助西欧各国，以复兴战后经济；受援国必须购买一定数量的美国商品，尽快撤销关税壁垒，取消或放松外汇限制，并接受美国对使用援助的监督，向美国提供本国和殖民地生产的战略物资；保障美国的私人投资和开发的权利。此后，美国设立了由美国政府控制的经济合作总署,通过设立对等基金制度,干预和协调西欧经济发展计划并使之纳入一体化轨道。

英、法、意、联邦德国等西欧国家和土耳其共16国相继接受这些条件,并分别同美国签订双边协定。计划原定期限5年(1948—1952年),后来由于执行过程比较顺利,加上西欧政治经济局势也发生了很大变化,到1950年,西欧各国均已渡过了难关,经济已恢复到或接近战前水平。美国遂于1951年底宣布提前结束该计划。在执行该计划的4年中,美国所支付的全部费用近130亿美元。其中赠款占88%,余为贷款。马歇尔计划实施期间,西欧国家的国民生产总值增长了25%。

马歇尔计划的成功,为北大西洋公约组织和欧洲经济共同体的建立奠定了基础,对西欧的联合和经济的恢复起到了促进作用。同时,该计划的实施,也缓和了美国国内即将发生的经济危机,为美国用经济手段全面控制西欧铺平了道路,为战后世界政治、经济格局的形成奠定了基础。

三、世界金融中心的转移

纽约国际金融中心的形成和发展与两次世界大战密切相关。早在1810年,纽约就已取代费城,成为美国国内最大的金融和商业中心。但当时由于英国的经济地位,国际金融交易都集中在伦敦。第一次世界大战期间及战后,纽约迅速发展为国际金融中心。其主要原因是:(1)美国经济在这期间迅速增长,成为世界主要工业强国和最大的债权国;(2)美国国际收支状况相应改善,大量黄金流入,美元地位加强,成为国际贸易和清算的重要手段;(3)美国联邦储备体系的建立,使美国的银行体制得到完善,纽约金融机构迅速增加;(4)欧洲许多金融中心,如巴黎、柏林,尤其是伦敦受到战争的严重影响,地位下降;(5)欧洲许多国家的货币动荡不稳,尤其是英镑汇价波动剧烈,伦敦作为国际金融中心的吸引力减弱。因此纽约国际金融市场得到迅速发展。

两次世界大战期间,伦敦和纽约是最主要的两个国际金融市场,伦敦继续维持其原有的国际结算中心和外汇中心的重要地位,纽约则崛起成为主要的国际资本供应中心。1924—1930年,外国借款者在伦敦债券市场只发行了35亿美元的国际债券,而在纽约发行的外国债券则高达65亿美元。20世纪30年代的资本主义世界经济大危机中,国际信用市场严重收缩。欧洲国家在美国发行的新债券,1928年上半年数额较大(约2亿美元),但自第三季度起则呈下泄趋势,到1930年底则几乎完全停顿,其中英国、法国、荷兰、比利时、捷克、瑞士与瑞典七个资本输出国当年在纽约市场已停止发行新债券。北美洲与拉美国家在美国发行新债券数额较大,1930年,北美洲新债券发行额仍较稳定(全年共2.81亿美元),但这一年后两季度拉美新债券的发行差不多接近停止(分别只有1610万美元和60万美元)。亚洲及大洋洲国家在美国发行的新债券数额不大,1928年、1929年及1930年分别为1.37亿美元、0.58亿美元及0.62亿美元,其趋势大体上与欧洲国家相似。整个说来,外国在美国市场上的新债券发行,在这3年内呈现波动,最高点是1928年第二季度(近5.3亿美元),此后开始下降;1930年第二季度又有相当回升(4.3亿美元),然后直线下降,后两个季度仅2亿美元。

第二次世界大战以后,纽约金融市场在国际金融领域中的地位进一步加强。美国凭借其在战争时期膨胀起来的强大经济和金融实力,建立了以美元为中心的资本主义货币体系,使美元成为世界最主要的储备货币和国际清算货币。西方资本主义国家和发展中国家的外汇储备中大部分是美元资产,存放在美国,由纽约联邦储备银行代为保管。一些外国官方机构持有的部分黄金也存放在纽约联邦储备银行。纽约联邦储备银行作为贯彻执行美国货币政策及外汇政策的主要机构,在金融市场的活动直接影响到市场利率和汇率的变化,对国际市场利率和汇率的变化有着重要影响。世界各地的美元买卖,包括欧洲美元、亚洲美元市场的交易,都必须在美国,特别是在纽约的商业银行账户上办理收付、清算和划拨,因此纽约成为世界美元交易的清算中心。此外,美国外汇监管较松,资金调动比较自由。在纽约,不仅有许多大银行,而且商业银行、储蓄银行、投资银行、证券交易所及保险公司等金融机构云集,许多外国银行也在纽约设有分支机构,这些都为纽约金融市场的进一步发展创造了条件,加强了它在国际金融领域中的地位。

四、凯恩斯与怀特的争论

在资本主义自由竞争时期,随着国际贸易和国外投资的发展,逐渐形成了以英镑为中心、以黄金为基础的国际金本位制度。第一次世界大战结束后,多数国家开始实行以英镑、美元和法郎等储备货币为中心的国际金汇兑本位制,形成了一种不受单一货币支配的货币体系。1929—1933年的世界性经济危机,最终使这种脆弱的国际金汇兑本位制彻底崩溃。纸币流通制度的普遍实行,使国际货币体系失去了统一的基础。各个货币集团的出现和外汇监管的不断加强,更使国际货币金融关系趋于混乱和动荡。为此,美、英两国政府于1942年2月签订了相互援助协定,明确规定由两国共同努力重整战后经济。两国政府从此开始了有关战后经济计划的讨论。而这一计划的核心内容,就是在战后建立一个统一的国际货币体系,通过国际间的合作来谋求国际货币金融关系的稳定。

事实上,早在20世纪40年代初,美国就积极策划取代英镑建立一个以美元为中心的国际货币体系。第二次世界大战的爆发使资本主义各国的力量对比发生了巨大变化。英国在战争期间遭受了严重创伤,国际收支出现了巨额逆差,但它仍试图保持自己的国际经济金融地位。英镑仍然是国际结算的主要工具和国际储备货币。当时40%左右的国际贸易仍用英镑结算,伦敦也依然是一个重要的国际金融中心。特别是由于英国还控制着庞大的英镑区,还有帝国特惠制,它在资本主义世界仍然保持着相当重要的地位。而美国在战争结束时,工业制成品已占世界的一半,对外贸易占世界贸易总额的1/3以上,黄金储备占到世界黄金储备的60%,国外投资急剧增长,它已成为资本主义世界最大的债权国。这为建立美国经济和美元的霸主地位创造了条件。美国深知其在国际经济中的重要地位,因此它对世界经济金融格局的安排早有准备,并信心十足。于是美、英两国都从本国利益出发,设计新的国际货币秩序,并于1943年7月分别发表了"怀特计划"和"凯恩斯计划"。

"怀特计划"是由美国财政部官员怀特拟定的"联合国外汇稳定基金方案"。这个方案采取存款原则,建议:(1)设立一个国际货币稳定基金,资金总额为50亿美元,由各会员国用黄金、本国货币或政府债券缴纳,认缴份额取决于各国的黄金外汇储备、国民收入和国际收支差额的变化等因素。根据各国缴纳份额的多少决定其在基金里的投票权。(2)基金组织发行一种国际货币名为"尤尼他"(Unita)作为计算单位,其含金量为$137\frac{1}{7}$格令,相当于10美元。"尤尼他"可以兑换黄金,也可以在会员国之间相互转移。各国规定本国货币与"尤尼他"之间的法定平价。平价确定后,非经基金组织同意，不得随意变动。（3）基金组织的主要任务是稳定汇率，并对会员国提供短期信贷以解决国际收支不平衡问题。会员国为了应付临时性的国际收支逆差，可用本国货币向基金组织申请购买所需要的外汇，但数额最多不得超过它向基金组织认缴的份额。"怀特计划"强调了黄金作为国际储备和决定汇率的作用，突出了拥有黄金储备垄断权的美国的地位。其目的显然是要把英镑排挤出"世界货币"之外，由美国凭借其日益强大的经济力量来操纵和控制国际货币稳定基金，建立一个以美元为中心的国际货币体系，从而在国际货币金融领域取得霸主地位。

"凯恩斯计划"是英国财政部顾问、著名经济学家约翰·凯恩斯拟定的"国际清算联盟方案"的简称。其主要内容：（1）设立一个世界性的中央银行——国际清算同盟，由该机构发行以一定量黄金表示的国际货币"班柯"（Bancor）作为清算单位。"班柯"与黄金直接挂钩。各国可用黄金换取"班柯"，但"班柯"不能兑换黄金；同时，各国货币按一定比价与"班柯"建立可调整的固定汇率。（2）各国在国际清算同盟中所承担的份额，以大战前3年进出口贸易的平均额计算。会员国并不需缴纳黄金或现款，而只是在上述清算机构中开设往来账户，通过"班柯"存款账户的转账来清算各国的官方债权债务。当一国国际收支发生顺差时，就将盈余存入账户，发生逆差时，则按规定的份额申请透支或提存。这实际上是将两国之间的支付扩大为国际多边清算，如清算后，一国的借贷余额超过份额的一定比例时，无论顺差国还是逆差国均需对国际收支的不平衡采取调节措施。"凯恩斯计划"强调透支原则和双方共同承担调节国际收支失衡的责任，这对当时经常发生国际收支赤字的英国是十分有利的。"凯恩斯计划"排除了黄金作为国际储备的必要性，强调"国际清算联盟"的清算作用。其目的是使英国能够摆脱黄金储备短缺、国际收支严重逆差的困境，并能从"联盟"的借款中保持对英镑区的控制权，从而与美国共同分享国际金融领域的统治权。

"怀特计划"和"凯恩斯计划"充分反映了美、英两国经济实力的变化和两国争夺国际货币金融领域霸权的意图。从1943年9月起，美、英两国政府代表团在华盛顿就如何建立战后的国际货币体系展开了长时间的、激烈的谈判。最终，美国仰仗其大大加强了的政治、经济实力，迫使英国忍痛放弃其"凯恩斯计划"，接受了美国的方案。当然，美国也作出了一些让步。

五、布雷顿森林体系的建立

1944年7月2日，在美国新罕布什尔州的布雷顿森林市，召开了有44个国家参加的"联合和联盟国家国际货币金融会议"，（简称"布雷顿森林会议"），通过了以"怀特计划"为基础的"国际货币基金协定"（又称布雷顿森森协定）和"国际复兴开发银行协定"，从而建立了布雷顿森林体系。其主要内容如下：

1. 建立一个永久性的国际金融机构——国际货币基金组织（IMF）。国际货币基金组织是战后国际货币制度的核心，它具有对成员国进行监督、与会员国就国际货币领域的有关事项进行磋商、对国际收支逆差国融通资金等职能，在一定程度上起着维护国际金融领域秩序的作用。

2. 美元直接与黄金挂钩，规定每一盎司黄金等于35美元，其他国家的货币与美元挂钩，各国货币按含金量确定与美元的平价（或不规定含金量而只规定与美元的比价），即所谓的双挂钩制度，实行美元—黄金本位制。这就确立了美元的中心地位，美元成为最主要的国际储备货币。

3. 实行固定汇率制度，实际上是可调整的盯住汇率制（Adjustable Peg）。"协定"规定各国货币对美元的汇率一般只能在平价上下各1%的幅度内波动。只有在一国国际收支发生根本性不平衡时，才允许变动平价，平价的任何变动都要经过基金组织批准。为保持各国货币汇率的稳定，各国政府有义务在外汇市场上进行干预活动。

4. 国际货币基金组织向国际收支赤字国提供短期资金融通，以协助其解决国际收支困难。"协定"第三条规定会员国份额的25%以黄金或可兑换黄金的货币缴纳，其余75%则以本国货币缴纳。会员国在需要国际储备时，可用本国货币按规定程序向基金组织购买（即借贷）一定数额的外汇，并需在规定的期限内以购回本国货币的方式偿还所借用的款项。会员国认缴的份额越大，投票权也就越大，同时借款能力也就越强。

5. 取消外汇监管。国际货币基金组织协定第8条规定会员国不得限制经常账户的支付，不得采取歧视性的货币政策，各国要在兑换性的基础上实行多边支付。但有三种例外情况：（1）国际货币基金组织允许对资本移动实行外汇监管。（2）会员国在处于战后过渡时期的情况下，可以延迟履行货币可兑换性的义务。国际货币基金组织当初希望过渡期不超过5年，但实际上直到1958年末主要工业化国家才取消了对经常账户的外汇监管。直至今日，外汇监管在发展中国家仍相当普遍。（3）会员国有权对"稀缺货币"采取临时性的兑换限制。

6. 稀缺货币条款（Scarce – Currency Clause）。当一国国际收支持续盈余，并且该国货币在国际货币基金组织的库存下降到其份额的75%以下时（由于逆差国向基金组织借取该国货币），国际货币基金组织可将该国货币宣布为"稀缺货币"，逆差国有权对"稀缺货币"采取临时性兑换限制,或限制从该国的进口。这一条款的设置是希望盈余国能主动承担调节国际收支失衡的责任。但是这个条款并未得到真正实施。

布雷顿森林体系是金本位垮台后的第二个国际货币制度。布雷顿森林体系所确定的美元与黄金挂钩、各国货币与美元挂钩的原则,使美元等同于黄金,成为黄金的代表或等价物,发挥着世界货币的职能。由于各国货币不能直接兑换黄金,而只能通过美元间接地与黄金挂钩,从而使美元取得了在国际货币制度中的中心地位。美元代替黄金成为各成员国支付国际收支逆差的主要手段和唯一的国际储备货币,有些国家甚至用美元代替黄金作为发行纸币的准备金。因此,也有人把布雷顿森林体系称作以美元为中心的金汇兑本位制,或者说是美元—黄金本位制。

布雷顿森林体系的建立,意味着国际货币金融关系自20世纪30年代以来动荡不安局面的终结和新的国际金融格局的形成。由于美元成为主要的国际支付手段和国际储备货币,因而弥补了国际清偿力的不足,促进了世界经济和国际贸易的发展;可调整的盯住汇率制的实行,使各国货币汇率保持相对稳定,从而避免了对外投资、信贷活动中汇率变动的风险,对战后资本主义经济和世界贸易的发展起到了一定的积极作用;此外,国际性的货币机构发挥着重大作用。如国际货币基金组织及世界银行等国际金融机构在监督各国汇率变动、调节国际收支不平衡、对会员国提供贷款、监督一国财政货币政策等方面产生着重要影响。而战前的国际货币体系缺乏一个这样的组织,处于松散状态。但由于布雷顿森林体系确定了美元在国际货币制度中的特殊地位,从而也为美国的对外经济扩张、独霸国际金融事务创造了有利条件。

需要指出的是,1944年,苏联参加了布雷顿森林会议,然而它却没有参加1945年底同时成立的国际货币基金组织和世界银行。此外波兰和捷克斯洛伐克也分别于1950年和1955年退出国际货币基金组织。这主要是由于政治经济制度的不同妨碍了两大集团之间货币金融关系的建立。苏联实行计划经济，反对市场经济和货币的自由兑换，其他东欧国家也倾向于自给自足，主张通过双边贸易方式来防止对资本主义市场的依赖。同时苏联主张国际货币体系应以黄金为基础，而不应以某一国货币为主要储备资产。为此，苏联在20世纪50年代后期和其他东欧社会主义国家一起酝酿开展货币金融领域的合作，并建立一个独立于美元为中心的国际货币体系之外的经互会货币体系。

六、布雷顿森林体系的内在矛盾

布雷顿森林体系是在特定的历史条件下，通过人为努力而产生的一种国际货币制度，是世界政治、经济力量不平衡在金融领域的反映。正因为如此，它本身存在着一些固有矛盾和重大缺陷：

1. 特里芬难题，即对国际储备货币增长的要求和对储备货币信心之间的矛盾。布雷顿森林体系很好地满足了各国增强清偿能力的要求（虽然该体系规定美元同黄金挂钩，即美元发行量的增长要以黄金储备的增长为前提，但事实上这由美国的国内货币政策所规定的），但同时相应地带来了各国对美元信心的缺乏。正如美国耶鲁大学教授特里芬（R. Triffin）所指出的：以一国货币（美元）作为主要国际储备资产，具有内在的不稳定性：要满足世界经济和国际贸易增长之需，国际储备必须有相应的增长，而这要依靠储备货币供应国——美国的国际收支逆差来实现。而美国的国际收支逆差必然导致美元的过量发行，美元发行越多，则国际社会对美元的价值稳定越缺乏信心，对美元能否兑换黄金越发怀疑。这是布雷顿森林体系的一个无法克服的难题。事实上，以任何一国货币作为唯一的国际储备资产都必然导致对国际储备货币增长的要求和对储备货币信心之间的矛盾。

2. 美元作为唯一的国际储备资产享有一种特权地位。美国可以利用美元直接对外投资，弥补国际收支逆差，操纵国际金融事务。这就造成拥有美元储备国家的实际资源向美国转移，从而美国可以获得"铸造税"（Seigniorage）收入。即由于流通中铸币或纸币所代表的面值和金银条块的价值之间有很大差额，货币发行国家通过发行货币可获得一个净收益。这不利于世界各国之间的公平竞争。

3. 布雷顿森林体系过分强调汇率的稳定，而忽视了国际收支的调节机制。在布雷顿森林体系下，汇率是固定的，各国有义务维持本国货币与美元的平价关系。只有当一国发生严重国际收支不平衡时，征得国际货币基金组织同意，才能变动法定平价。而事实上各国很少能够变动平价。即使变动平价的要求最终得到批准，失衡的国际收支也早已对该国造成了严重的影响。因此就失去了汇率这一重要经济杠杆对国际收支的调节功能。于是各国要么实行贸易、外汇监管，要么只能放弃国内经济政策目标。此外，各国货币汇率盯住美元，造成了各国货币对美元的依附关系，美国的货币政策变动对各国经济政策有着重大影响。

4. 布雷顿森林体系规定了稀缺货币条款，但却很少实行。虽然逆差国可能会在压力下降低汇率或者实行紧缩性的货币政策，国际货币基金组织却无法迫使顺差国提高汇率或者实行较为扩张性的货币政策，国际收支不平衡的调节仍然落在逆差国一方肩上。尤为困难的是，因为美元是国际储备货币，即使美元定值过高也不能降低美元的汇率，即使美国大量的国际收支逆差也不能实行紧缩性的货币政策。事实上，布雷顿森林体系在一定程度上限制了美国货币政策发挥作用的空间。为维持布雷顿森林体系的运行，美国背上了沉重的包袱。

第二次世界大战后建立起来的布雷顿森林体系是全面国际合作的产物。它既有重建国际货币体系、维持国际经济金融秩序的初衷，又有经济强国实行霸主经济、控制世界金融体系的目的。和第一次世界大战后货币集团林立、国际货币体系严重混乱的局面相比，统一的国际货币体系有利于世界经济的健康发展，相对稳定的汇率制度对世界经济的增长和国际贸易的发展也起到了一定的促进作用，以国际货币基金组织为中心的国际货币合作使得成员国之间的政策协调成为可能。但由于僵硬的固定汇率使该体系下的国际收支调节机制存在着严重缺陷，这不能不影响到成员国国内经济政策目标。加上该体系在国际储备制度上的严重的缺陷，因而最终不能人为地维持。

第二节 持续而频繁发生的金融危机

一、20世纪70年代的金融危机

20世纪70年代的世界是一个异常艰难和动荡的世界。到70年代，西方国家在经历了五六十年代的高速增长后，由科技革命推动的产业结构调整和新兴产业的成长已步入了稳定的成熟阶段，新的技术群和新的产业群尚未形成，这种经济状况已不宜再使用凯恩斯主义政策。然而西方国家并未适时调整，仍然一味实行扩张性赤字财政政策和廉价货币政策，终于酿成了困扰70年代的通货膨胀；1973年的石油危机加剧了当时的通货膨胀，并使已经衰退的经济处于停滞状态，即所谓的"滞胀"；布雷顿森林体系的解体，浮动汇率制的到来，更是把这个举步维艰的世界推入了剧烈动荡的"旋涡"之中。经济增长率比六十年代下降了近一半、通货膨胀率呈两位数增长、日益庞大的失业大军、每况愈下的国际贸易、急剧动荡的金融市场……这一切不幸终于把西方国家拖入了1973年底爆发的，第二次世界大战后最严重的经济危机之中。

经济危机引发了1974—1975年发生在西方国家的金融危机。在这次危机中大量的银行破产，全球股市大跌。引发金融危机的渠道来自三个方面：一是银行最重要放款和投资的对象——在1972年经济高涨后膨胀最快，也是在这次经济危机中受影响最严重的那些行业，如房地产和建筑业、油轮业、航运业、航空业等，这些行业的不景气不仅使债券、股票等有价证券暴跌，而且导致银行大量放款和投资难以收回。二是西方各国战后长期实行信用膨胀政策，导致银行的信贷投放增加很快，造成银行业财务上日益脆弱，表现在自有资金比重减少，放款对存款比例增大，存款准备金不足。如从1960年到1974年，美国全部商业银行资本额占资产额的比重从8.1%降为6.9%；放款占存款的比例由56.2%升至82%；存款准备金的比例结构失调。三是外汇投机遭受损失。1974年5月、6月联邦德国最大的私人银行赫斯塔特银行和美国第20大银行富兰克林国民银行因经营远期外汇投机蒙受损失，被迫倒闭。这些银行的倒闭又牵连到其他欧美银行，据不完全统计，这场金融危机波及大大小小银行、金融公司有一百多家。美国不少有名的大银行，如花旗银行和大通银行都被列入美国"问题银行"名单，引起国际金融界的震惊。危机后西方各国纷纷加强了对银行的监管和清理整顿。

可以看出这次金融危机是经济危机在金融领域的直接表现，金融危机受到了来自经济衰退、能源危机、汇率危机三方面的影响，大量银行倒闭，股市、汇市大跌是这次危机的特点，而银行是危机传播的主要渠道。这次金融危机之所以没有发生在发展中国家，是因为20世纪70年代发展中国家的市场发育普遍不成熟，经济上严重分割，与国际金融领域的联动性很低，有些国家仍实行严格的计划经济管理。因此虽然在70年代发展中国家也存在程度不等的通货膨胀，但并未发生类似的金融危机。

二、20世纪80年代的金融危机

（一）欧美国家的金融危机

20世纪80年代虽然在西方发达国家出现了1982年的金融危机和1987年的股市危机，但影响深远、波及范围广的应是发生在发展中国家的债务危机，其中以拉美债务危机规模最大和最具代表性。

1981年3月，外债总额为260亿美元的波兰政府无力偿付数额为25亿美元的到期债务本息，拉开了发展中国家债务清偿危机的序幕。1982年8月，墨西哥宣布全部外汇储备基本耗尽，无力偿还到期债务的本息；9月，第三世界最大的债务国巴西宣布急需175亿美元的新贷款来解决清偿困难问题；12月，阿根廷提出与西方债权者进行重新安排债务的谈判。越来越多的国家卷入这场债务危机。债务危机爆发后，债务国政府、债权国政府、债权银行和国际金融机构采取了一系列措施，逐渐遏制了危机的蔓延。为了详细了解国际债务危机的起因和过程，我们把拉美危机作为主要的考察对象来进行描述。

1. 1982年的拉美债务危机。

1982年8月中旬，墨西哥因无力偿还到期外债本息而发生支付危机，结果引发一场席卷拉美地区的严重债务危机。

这场债务危机的发生有其深刻的原因，20世纪70年代，当西方发达国家纷纷陷入经济衰退之中的时候，拉美国家的墨西哥、阿根廷、巴西保持了较高的经济增长速度，于是这一地区成了游离在欧洲货币市场的大量"石油美元"的竞相放贷之地，而拉美国家也因石油危机的冲击面临着巨额的需要弥补的经常项目赤字。当时国际信贷市场上受通货膨胀和资金供给大于需求的影响，利率很低，实际利率几乎为负数。拉美国家为了保持较高的经济增长速度也采取了政府担保等鼓励借入外债的政策。于是大量以浮动利率计息、以美元为偿还货币、来自国际商业银行的短期贷款流入了拉美国家。从1972年到1979年欧洲货币银行发放给非石油出口的发展中国家的贷款由15亿美元增加到354亿美元，占其总贷款的比例从22%上升到43%，而阿根廷、巴西、墨西哥三个拉美国家的贷款就占净贷款额的83%。进入80年代，受内外双重因素的影响，拉美国家不仅没有因借债而走上经济起飞的道路，反而陷入了沉重债务负担的泥潭，80年代因此成了拉美国家的"失去的十年"。

首先，从内因来看，拉美国家纷纷通过借入外债来扩大公共开支（包括日常开支和公共投资），力图提高经济增长速度和产业结构调整步伐，但其中许多项目无助于经济的增长和增加为清偿债务所需的出口。所以，这一政策不仅没有带来预期的收益反而引起了进口的急剧增长和国内的通货膨胀，导致出口竞争力下降，外汇来源不足，进一步强化了对外债的依赖性。面对大量的短期外债，拉美国家不仅没有对外债的举借采取一定的限制措施，反而采取了鼓励的政策，如由政府对外债担保或对由于贬值造成的资本损失进行补偿，这一政策鼓励了国营或私营企业去利用廉价的外汇而不是通过内源融资或利用本国的储蓄资源。同时这种补贴和担保使政府极力通过维持僵硬的固定汇率来减少还债负担，而高企的汇率水平不仅打击了出口创汇的能力并且使国内资本大量外逃，1979—1982年委内瑞拉、阿根廷、墨西哥、乌拉圭等国家资本外逃占资本流入总额的百分比分别为136.6%、65.1%、47.8%、27.3%，于是拉美国家陷入了"借入外债—增加进口—增加投资和消费—经济增长—国内通胀、汇率僵化—投资收益、出口创汇能力下降、资本外逃—偿付能力下降—借入更多的外债"这一可怕的且不容逆转的债务恶性循环中。

其次，外部环境的恶化加剧拉美国家的债务问题。

1979—1980年，美国的货币政策从以控制利率为目标转为以控制货币总流通量为目标，利率变化更加捉摸不定，而发达国家的衰退使国际市场产品价格下跌，实际利率上升。美国的长期实际利率由1975年左右的负值上升到1984年的8%左右。这使拉丁美洲以浮动利率计息的债务利息急剧增加。1977年，拉美地区支付外债利息将近69亿美元，1982年猛增至390亿美元。1983年和1977年相比，拉美地区外债总额增加195%，而债务利息增加415%。

发达国家在经济衰退期间所采取的贸易保护政策，导致了国际贸易的停滞和初级产品价格的普遍下跌，这使出口严重依赖发达国家的拉美国家受到很大限制。拉美国家出口的初级产品约占总出口的70%以上，其中70%左右是向各市场经济国家出口的；其余占出口总额30%的制成品的一半出口给市场经济国家。在1981—1983年，拉美地区出口商品的贸易比价累计下降了20%。出口创汇减少，甚至出现赤字，它们被迫转向了早年所奉行的内向政策，而这一政策使债务清偿能力的提高更加渺茫。

20世纪80年代的债务危机不仅影响了包括拉美国家在内的众多发展中国家，也使西方发达国家遭受了损失。例如，1982年6月，拉美国家欠美国9家主要银行的债务相当于这些银行原始资本的178.9%，可见这些银行面临风险之大。同时工业国的出口也因此受损，美国向主要债务国制成品的出口在1980—1981年和1983—1984年下降了40%。这使西方发达国家担心出现类似30年代的国际金融崩溃。因此，西方主要国家在牢牢地操纵债务问题的主导权的前提下，精心设计了债务战略。先后采取了1982年的"拯救行动"、1985年的"贝克计划"、1987年的债务转换为债券、债务转换为资本的"市场选择单"建议，以及1989年的"布雷迪计划"，才慢慢平息了这场债务危机。

2. 1982年和1987年西方国家的金融危机。

1982年受经济危机、国内高利率、能源贷款及拉美债务危机的影响，西方银行大量亏损，出现了大批银行倒闭的现象。其中倒闭最多的要数美国，全年倒闭近50家，平均每周一家。值得注意的是，有些小银行的倒闭导致一些大银行严重损失，如宾尼亚广场银行的倒闭，使排名第6位的伊利诺斯大陆银行吃了2.2亿美元的倒账，震惊了美国金融界。除美国银行外，加拿大、西班牙、联邦德国、比利时、荷兰、意大利银行也出现了亏损和倒闭，还有一些发展中国家的银行也出现金融风波。

值得提出的是，1982年的银行风潮虽然不如1974年大，但是这次危机的特点是发展中国家的债务危机影响到了这些银行的正常经营，因此这些国家的政府、银行以及国际金融机构不得不联合起来共同解决国际债务危机问题。

1987年8月以后，纽约股市出现较大波动，10月19日（星期一）纽约华尔街股市道·琼斯工业股票平均指数一天之内暴跌了

22.6%，超过了1929年10月大危机时股票暴跌的幅度（当时的下降幅度为12.8%），上市5 000家公司整个股票的价值在一天之中就减少了5 000亿美元①，称为纽约股市"黑色星期一"。这场动荡迅速波及东京、伦敦、中国香港等地的股市，出现了不同程度的狂跌。

（二）日本20世纪80年代末至90年代末的金融危机

20世纪80年代末至90年代末，日本出现了数次以银行的大量不良债权为特征的金融危机，时至今日，金融机构的不良债权问题仍然困扰着日本经济，而且未能从根本上得到解决。

1986年底到1990年初，日本经历了历史上第二次、为期长达四年的大"泡沫经济"过程；1995年爆发了战后最严重的金融危机。1995年日本有一家银行和十家信用社破产；1996年，大和银行纽约分行由于非法交易美国国债导致11亿美元巨额亏损，另外在美国的11家分行和信托投资公司也被美国金融管理当局下令在三个月内结束业务。住友银行发生违规交易丑闻；阪和银行破产；日本住宅专门会社在房地产投机失败后陷入危机；在世界证券业中位列前四名的野村、大和、日兴和山一证券公司在强烈的银行赤字风暴的打击下连年亏损；1997年6月，野村证券、山一证券及第一劝业银行又发生丑闻。由于日本是东南亚地区最主要的直接投资和融资国，因此东南亚金融危机爆发后，日本的不良债权问题更加严重②。股市、汇市频频下跌；1997年11月，日本许多银行及证券公司，如十大证券之一的三洋证券、十大城市银行之一的北海道拓殖银行、四大证券之一的山一证券、地方银行德阳市银行、丸壮证券等

---

① 游光中、冯宗容. 世界经济大事典［M］. 北京：中国经济出版社，1995：315.
② 1995年3月日本金融机构的不良债权约有40万亿日元，到1997年12月，这一数字上升为70万亿日元。

宣布倒闭。

日本的不良债权问题来自两个方面的原因，一是泡沫经济破灭后的结果，另一个就是日本僵化的经济、金融结构的结果。

20世纪80年代末到90年代初的泡沫经济的破灭一方面使日本金融机构贷给房地产商的大量贷款难以收回；另一方面不动产价格的大幅下跌，又使日本大量以不动产担保的贷款回收无望。自1986年以来日本进行了一系列金融自由化的改革，改革使日本金融机构的融资成本加大，而实业部门的利润率不可能迅速提高，因此一方面是客观条件所限；另一方面是由于竞争，日本金融机构并没有通过提高贷款利率的办法来转嫁融资风险，反而趁监管不严把大量的资金投入泡沫严重的房地产和证券市场，当泡沫经济破灭后，日本的金融界和实业界都遭到了沉重的打击。

如果说1995年的金融危机是泡沫经济破灭的后果，而时至今日仍难以解决的不良债权问题则和日本的经济金融结构有很大的关系。日本的经济体系可以分为两大领域，一是面向国内的生产率低下的制造业和服务业，另一个是面向出口的、生产效率很高的轿车、家用电器等产业。就面向出口的企业而言，它们已具备了在国际市场生存的能力，据美国一家资产评估公司估测，这些企业的生产率是美国高生产率企业的120%。而且它们往往能很容易地在国际金融市场上融资，不需要依赖国内的金融企业，相反它们还是日本高额外汇储备最主要的来源。而面对国内市场的企业，则是一些缺乏竞争力的企业。这种竞争力的缺乏来自两个方面，一是日本僵化的经济金融结构。日本长期以来在政府、银行、企业之间形成了一个牢不可破的"铁三角"，银行与企业之间通过相互持股形成了紧密的关系，政府一方面保护企业和银行，另一方面又干涉银行向效率低下的国内企业贷款，这样形成的"铁三角"关系，能在日本经济增长期起到牢固的支撑作用，也能在日本经济衰退时成为改革的最大阻力。日本的金融体系在20世纪80年代就进行了一系列"自由化"的改革，1998年的金融改革更被称为日本版的"金融大震"，但正是因为日本的银行、企业、政府之间这种牢固的关系，使企业的改革滞后于金融改革，日本金融机构的不良债权也就迟迟难以解决。而使日本的国内企业属于劳动力成本很高的企业，尤其是服务业，因此很难和周边国家竞争，不得不长期依赖政府的保护来生存，日本政府的债务余额也因此占到了GDP的140%。

三、20世纪90年代的金融危机

20世纪90年代以来，世界先后爆发46次金融危机，而且破坏力越来越大。影响较大的有：1992年9月欧洲货币体系危机、1994年的墨西哥金融危机、1997年的东南亚金融危机、1998年的俄罗斯金融危机和1999年巴西金融危机、20世纪八九十年代日本的金融危机以及2001年阿根廷金融危机。

从表3-1、表3-2中可以看出，拉美和亚洲国家20世纪90年代前后发生的金融危机。可见，克鲁格曼把金融危机等同于拉美国家也是有一定理由的。

表3-1　　　　　　20世纪90年代拉美国家的金融危机

国家	时期	表现
阿根廷	1980—1982年	不良贷款比重由9%上升至30%，168家银行被关闭
	1989—1990年	不良资产达总资产的27%，占国有银行的37%。倒闭银行资产占金融机构总资产的40%
	1995年1—9月	1995年12月发生存款挤提。1995年1—3月，银行存款下降16%，达80亿美元。随后，28家信用社、5家批发性银行被关闭，15家地方银行被私有化、关闭或收购
	2001年	爆发挤兑风潮，政府实行金融管制，限制居民银行提款和资金流出

续表

国家	时期	表现
巴西	1980—1986 年	23 家银行倒闭；
	1994 年	近 50 家银行倒闭（包括 3 家国有大银行）
智利	1981—1987 年	银行危机造成的 GDP 损失达 30%~40%
墨西哥	1991—1995 年	1991—1994 年底，不良资产比重由 4% 上升至 9%； 1995 年 2 月，半数银行达不到巴塞尔协议规定的资本比例； 1995 年底，不良贷款比重上升至 12%

资料来源：国际货币基金组织，《世界经济展望》1998 年第 5 期。

表 3-2　　　　　　　　20 世纪 90 年代亚洲国家的金融危机

国家	时期	表现
印度尼西亚	1992—1995 年	1992 年 1 家大型私人银行倒闭。1993 年国有银行不良贷款比率为 25%
	1997 年 11 月	1997 年 11 月初，央行关闭 16 家中小银行。1998 年 11 月，成立银行重组局。1998 年 4—8 月，重组局下令 10 家中小银行停业，并接管另外 8 家中小银行。银行部门不良贷款率 1999 年达到 75%~85%
韩国	1997 年 2 月	1998 年 3 月底，金融机构不良贷款（包括关注贷款）总额为 118 万亿韩元。5 家银行被关闭，4 家银行被兼并，占全国 33 家银行的 27.3%
马来西亚	1985—1988 年	1988 年不良贷款占总贷款的 32%
	1998 年 8 月	1998 年 8 月 4 日，马来西亚成立国民资金公司对国内脆弱的银行体系进行资本重组。1998 年底，不良资产占银行总资产的比率达到 20.13%。1999 年底坏账占贷款总额的 27.75%
菲律宾	1981—1987 年	银行倒闭，2 家国有银行被政府接管，其资产占银行总资产的 30%。1986 年不良资产达 19%
	1997 年	1 家小型商业银行，7 家储蓄银行倒闭（但不到银行总资产的 1%），不良贷款率上升到 14%
泰国	1983—1987 年	银行不良资产比重达到 15%，发生银行挤提，15 家金融机构倒闭
	1996—1997 年	曼谷商业银行等银行发生危机，1997 年初，呆、坏账总额超过 200 亿元
	1998 年 1 月	58 家金融机构停业，整顿后仅 2 家获准重新开业，其余划入由金融业重组局指定的资产清算委员会管理。到 1998 年 2 月，中央注入泰国金融体系的资金高达 7 171 亿泰铢

资料来源：国际货币基金组织，《世界经济展望》，1998 年第 5 期。

以下择其有代表性的金融危机,逐一介绍并做简要分析。

1. 1992 年阿尔巴尼亚金融危机。

1992 年,阿尔巴尼亚开始推行市场化改革时,其传统的银行系统功能很弱,加之银行信贷控制严格,无力为筹资者提供贷款,因而一些投资公司的高息集资活动也随之开始。自 1992 年改革以来,阿尔巴尼亚经济从 1993 年开始好转,然而因存在较严重的问题,1996 年经济开始下滑,GDP 年增长率从 1993 年的 9.6% 下降到 8.2%;通货膨胀率连续 3 年大幅度下降后,1996 年又升至 17.4%。造成此次阿尔巴尼亚金融危机的原因主要有以下五点:

其一,国民经济发展失衡。改革后,阿尔巴尼亚 GDP 连续 3 年保持了高达 9% 的增长。但是促进经济发展的主要因素是旅游业以及商店、饭店的繁荣。阿尔巴尼亚经济基础脆弱,改革后政府并没有将主要精力放在调整经济结构上,而是过快地推行私有化,使各个产业的增长结构越发不合理。该国工业一直是负增长,只有到 1995 年才因为个体纺织业和制鞋业的兴起勉强增长 1%。

其二,财政赤字严重,且依靠国内银行贷款和透支解决。几年来政府收入占 GDP 的比重维持在 24% 左右的水平,1996 年降至 20% 以下。财政赤字占 GDP 比重虽然有所下降,但 1996 年又升至 2 位数。

其三,国际收支经常项目赤字。1996 年贸易赤字达 6.5 亿美元,占 GDP 的比重上升到 25%;经常项目逆差升至 2 亿美元,占 GDP 比重上升到 7.7%。

其四,金融体制不健全。1992 年以来,阿尔巴尼亚开始实行双轨制的银行体制,由中央银行和 3 家国有商业银行构成。后来又批准成立了 3 家小规模的私人银行,业务范围很小。虽然银行体制开始实施新的机制,但整个银行业基础薄弱、体制不健全。一是中央银行缺乏行之有效的政策工具和风险意识。该国的货币政策主要通过直接控制信贷来实现，中央银行不仅对投资公司以及基金会的设立不严格审批，而且对它们的高息集资活动也没有进行干预。二是在金融市场不完善及金融工具极少的情况下放开利率管制。三是国有商业银行效益低，信誉差。从 1992 年起坏账和不良贷款逐年增多，其中，国民商业银行和农村商业银行的不良信贷问题比较严重，尤其是农村商业银行，其不良信贷在其信贷总额中已占 60%。国有商业银行下降。此外，银行提供的服务项目少，而私人银行规模又小，这些促进了非银行中介机构的迅速发展。

其五，在条件不成熟的情况下放开贸易和外汇管制。1992 年，阿尔巴尼亚的国际储备总额为 7 200 万美元，只能满足 1.2 个月的进口额，贸易赤字也高达 4.5 亿美元。在外贸赤字状况并未好转，列克（阿尔巴尼亚货币）汇率也不稳定的情况下，1992 年当局宣布对汇率和贸易完全放开限制，采取活动汇率制。最终导致 1996 年贸易赤字急剧上升，列克大幅贬值，爆发了金融危机。

2. 1994 年的墨西哥金融危机。

分析 20 世纪 90 年代的墨西哥金融危机，还需要提及其 80 年代时的情况。拉美国家不合理的经济结构造成其更多地依赖于进口，包括石油等产品。20 世纪 70 年代的石油危机，加重了拉美国家的负担，迫使这些拉美国家外债加重。特别是 1982 年美国又提高了利率，刺激了国际资金利息上涨，墨西哥大量资本外流。原本沉重的外债支付压力又被石油危机和美国加息推向了绝境，比索不得不贬值 60%。1982 年 8 月 20 日，墨西哥政府宣布已无力偿付 800 亿美元的外债，并要求延期 90 天偿还。此举成为拉美国家金融危机的导火索，拉美各国陷入了长达 10 年之久的经济大衰退，而到 1990 年时拉美的贫困人口比例高达 48.3%。

然而，当年的墨西哥到90年代后却成为新兴市场国家的典范，1988年萨利纳斯总统就职后，进行了一系列全面的市场化方面改革，大力推进贸易自由化、金融自由化和全面私有化的政策。在推行全面对外开放政策的同时，墨西哥还同美国、加拿大签订了三方自由贸易协定（NAFTA），一时间，萨利纳斯总统在西方主流世界成为锐意改革的样板。

虽然，这场市场化改革取得了一些成果，经济增长稳步提高、财政赤字消失以及通货膨胀率稳步下降等。墨西哥市场化改革和经济状况被国际社会普遍看好，从而吸引大量外资涌入。但是，大规模的资本通过证券投资的方式，流入了墨西哥，在增加外汇储备的同时，也使其持续严重的经常项目逆差成为日益严重的问题，在社会贫富分化等国内政局的影响下，终于引发了墨西哥金融危机。

1994年是墨西哥的大选年。这一年墨西哥国内陷入了政治动荡，引发动乱和暴力事件。1994年1月一些没有享受到改革成果的贫困农民举行起义，攻占城市，扣押政府官员，暗杀事件在大城市频频发生。墨西哥政局急转直下，甚至一些富豪政要的人身安全也受到了威胁。在这样动乱的国内背景下，引发了外国投资人纷纷撤资。这对一直使用短期外资来弥补贸易逆差的墨西哥政府不啻于是一次沉重打击。1994年12月20日，墨西哥政府突然宣布，比索对美元汇率的"浮动"范围扩大到15%，与其说是"浮动"，不如说是"贬值"。此话与1994年春天墨西哥政府信誓旦旦地保证"绝不贬值"形成了明显反差，墨西哥政府信誉扫地。于是，热钱狂撤，比索狂跌，终于在1994—1995年，墨西哥发生了一场比索汇率狂跌、股票价格暴泄的金融危机。

1994年3月，墨西哥革命组织党的总统候选人与总书记遇刺，使人们对墨西哥政局的稳定产生了怀疑，面对外汇储备的潜在流失，墨西哥当局用发行一种美元指数化标价的国库券（Tesobonos）来应对。然而，此时的墨西哥政府信用降低，已经无人相信，为了维持比索的汇率，墨西哥政府被迫动用外汇储备买进比索卖出美元，结果在两天之内就失去了40亿~50亿美元的外汇储备。1994年年初的时候，国家外汇储备还有280亿美元，而到11月时外汇储备急降至170亿美元，到1994年12月22日，外汇储备几近枯竭，降到了低于1个月进口额的水平，最后墨西哥政府被迫宣布新比索自由浮动，新比索贬值65.8%。事情继续恶化，到1995年上半年时，就只剩余几十亿美元，而1995年第一季度到期的美元债券就达100亿美元，债券总额更是高达300亿美元。在汇率急剧下挫的同时，墨西哥股票交易也崩溃了。危机给墨西哥带来了严重冲击。大批银行、企业因支付困难濒临倒闭。经济从1995年开始出现全面衰退，GDP下降了6.9%，失业率从3.2%上升到6.6%。

分析1994年末到1995年的墨西哥金融危机，可以看到这既是一场货币危机，也是一次金融危机。说它是货币危机，是由于比索汇率暴跌是此次危机的主要原因；说它是金融危机，是由于分析此次危机的前因后果，可以看到比索贬值不过是导火索而非全部原因，整个经济过分依赖外资才是此次金融危机的深层原因。

这场墨西哥金融危机不仅仅对拉美国家产生影响，而且，还对全球金融和经济产生了广泛影响，这场金融危机不仅导致拉美股市暴跌，也让欧洲股市指数、远东指数及世界股市指数出现不同程度的下跌。

3. 1997—1998年东南亚金融危机。

东南亚金融危机是1997—1998年在泰国等东南亚国家之间由泰铢贬值引发的一场金融风暴。

此次金融危机的时代背景是1971年到1991年，泰国经济年均增长率达 7.9%，1991 年至 1996 年的年均增长率则达到 8%，这种持续高出世界经济平均水平的增长速度使得泰国成为继"亚洲四小龙"之后的"第五小龙"。而且长期以来，泰国通胀率一直有效地控制在 3%~6%。然而，1997 年 5 月中旬泰铢贬值，由此引发了一场由局部蔓延全球的金融风暴。自泰铢贬值开始，马来西亚、印度尼西亚、菲律宾、新加坡、中国台湾、中国香港等国家和地区的货币和股票市场都受到了不同程度的冲击。

1997 年 2 月初，国际投资机构掀起抛售泰铢风潮，引起泰铢汇率大幅度波动。于 1997 年 2 月开始向泰国银行借入高达 150 亿美元的数月期限的远期泰铢合约，而后于现汇市场大规模抛售，使泰铢汇率波动的压力加大，引起泰国金融市场动荡，泰国央行为捍卫泰铢地位，仅在 1997 年 2 月就动用了 20 亿美元的外汇储备，才初步平息。3 月 4 日，泰国中央银行要求流动资金出现问题的 9 家财务公司和 1 家住房贷款公司增加资本金 82.5 亿泰铢（合 3.17 亿美元），并要求银行等金融机构将坏账准备金的比率从 100% 提高到 115%~120%，此举令金融系统的备付金增加 500 亿泰铢（合 19.4 亿美元）。

泰国央行此举旨在加强金融体系稳定性并增强人们对金融市场信心，然而不但未能起到应有的稳定作用，反而使社会公众对金融机构的信心下降，从而发生挤提，仅 5 日、6 日两天，投资者就从 10 家出现问题的财务公司提走近 150 亿泰铢（约兑 5.77 亿美元）。与此同时，投资者大量抛售银行与财务公司的股票，结果造成泰国股市连续下跌，汇市也出现下跌压力。在泰国央行的大力干预下，泰国股市和汇市暂时稳定下来。进入 5 月，国际投资机构对泰铢的炒卖活动更趋猛烈。5 月 7 日，货币投机者通过经营离岸业务的外国银行，悄悄建立了即期和远期外汇交易的头寸。从 5 月 8 日起，以从泰国本地银行借入泰铢,在即期和远期市场大量卖泰铢的形式下,市场突然发难,沽空泰铢,造成泰铢即期汇价的急剧下跌,多次突破泰国中央银行规定的汇率浮动限制,引起市场恐慌。本地银行和企业及外国银行纷纷入市,即期抛售泰铢抢购美元或叙做泰铢对美元的远期保值交易,导致泰国金融市场进一步恶化,泰铢一度兑美元贬至 26.94:1 的水平。面对这次冲击,泰国中央银行加大对金融市场的干预力度,动用约 50 亿美元的外汇进行干预,并取得日本、新加坡、中国香港、马来西亚、菲律宾、印度尼西亚等国家和地区中央银行不同形式的支持。同时,泰国中央银行又将离岸拆借利率提高到 1 000%,令投机泰铢成本倒增,又禁止泰国银行向外借出泰铢。在一系列措施干预下,泰铢汇率回稳,泰国中央银行又暂时控制了局面。6 月中下旬,泰国前财长辞职,又引发金融界对泰铢可能贬值的揣测,引起泰铢汇率猛跌至 1 美元兑 28 泰铢左右。泰国股市也从年初的 1 200 点跌至 461.32 点,为 8 年来的最低点,金融市场一片混乱。

这场危机从 1997 年 7 月 2 日爆发,大约到 1998 年底结束,大体上可以分为三个阶段。

第一阶段:7 月 2 日,泰国中央银行突然宣布放弃已坚持 14 年的泰铢盯住美元的汇率政策,实行有管理的浮动汇率制。同时,央行还宣布将利率从 10.5% 提高到 12.5%。泰铢当日闻声下跌 17%,创下新低。泰国金融危机就此爆发。当天泰铢汇率狂跌 20%。和泰国具有相同经济问题的菲律宾、印度尼西亚和马来西亚等国迅速受到泰铢贬值的巨大冲击。7 月 11 日,菲律宾宣布允许比索在更大范围内与美元兑换,当天比索贬值 11.5%。同一天,马来西亚则通过提高银行利率阻止林吉特进一步贬值。印度尼西亚被迫放弃本国货币与美元的比价,印尼盾 7 月 2 日至 14 日贬值了 14%。继泰国等东盟国家金融风波之后，中国台湾的台币贬值，股市下跌，掀起金融危机第二波①。11月下旬，韩国汇市、股市轮番下跌，形成金融危机第三波②。与此同时，日本金融危机也进一步加深，11月日本先后有数家银行和证券公司破产或倒闭，日元兑美元也跌破1美元兑换130日元大关，较年初贬值17.03%。

第二阶段：1998年初，印尼金融风暴再起，面对有史以来最严重的经济衰退，国际货币基金组织为印尼开出的药方未能取得预期效果。从1998年1月开始，东南亚金融危机的重心又转到印度尼西亚，形成金融危机第四波。1月8日，印尼盾对美元的汇价暴跌26%。1998年1月12日，在印度尼西亚从事巨额投资业务的香港百富勤投资公司宣告清盘。同日，香港恒生指数暴跌773.58点，新加坡、中国台湾、日本股中分别跌102.88点、362点和330.66点。直到2月初，东南亚金融危机恶化的势头才初步被遏制。

第三阶段：1998年8月初乘美国股市动荡、日元汇率持续下跌之际，国际炒家对中国香港发动新一轮进攻。

泰铢贬值引发的金融危机沉重地打击了泰国经济发展，造成泰国物价不断上涨，利率居高不下，企业外债增加、流动资金紧张、经营困难、股市大跌，经济衰退。1997年泰国GDP增长率从1996年的约7%下降至2%左右。

---

① 1997年10月17日，新台币贬值0.98元，达到1美元兑换29.5元新台币，创下近千年来的新低，相应地当天台湾股市下跌165.55点，10月20日，新台币跌至30.45元兑1美元。台湾股市再跌301.67点。台湾货币贬值和股市大跌，不仅使东南亚金融危机进一步加剧，而且引发了包括美国股市在内的大幅下挫。10月27日，美国道琼斯指数暴跌554.26点，迫使纽约交易所9年来首次使用暂停交易制度，10月28日，日本、新加坡、韩国、马来西亚和泰国股市分别跌4.4%、7.6%、6.6%、6.7%和6.3%。特别是香港股市受外部冲击，香港恒生指数10月21日和27日分别跌765.33点和1 200点，10月28日再跌1 400点，这三大香港股市累计跌幅超过了25%。

② 11月，韩元汇价持续下挫，其中11月20日开市半小时就狂跌10%，创下了1 139韩元兑1美元的新低；至11月底，韩无兑美元的汇价下跌了30%，韩国股市跌幅也超过20%。

这次危机波及范围广，持续时间长，是继1995年墨西哥金融危机以来最严重的区域性金融危机。它造成了东南亚国家的股市动荡，大批金融机构破产，货币严重贬值，抑制了东南亚国家经济的发展。1997年10月下旬，东南亚金融动荡一度引发全球性金融市场波动。世界各国几乎都因此调低了对1998年经济增长率的预期。此次东南亚金融危机持续时间之长，危害之大、波及面之广，远远超过人们的预料。然而，危机的发生绝不是偶然的，它是一系列因素共同促成的必然结果，其中国际投资的巨大冲击以及由此引起的外资撤离是一个重要原因。据统计，危机期间，撤离东南亚国家和地区的外资高达400亿美元。但是，这次东南亚金融危机的最根本原因还在于这些国家和地区的内部经济结构。

4. 1998年俄罗斯金融危机。

俄罗斯自1992年开始全面的经济转轨以后，一直陷于严重的经济危机中。受东南亚金融危机的波及，俄罗斯于1997年10月和1998年5月先后爆发了两次金融危机，危机首先反映在货币市场和证券市场上，具体表现：占俄罗斯国债总额约1/3的外国资本大规模外逃，引起汇率下跌和股市大幅下挫，再贷款利率一度高达150%，股市、债市和汇市基本陷入停盘状态，银行无力应付居民提款，整个金融体系和经济运行几乎瘫痪。1998年8月，政府决定让卢布自由浮动，宣布单方面延期偿付以卢布计价的内债和部分外债，并禁止银行兑现外汇承诺，金融危机全面爆发。金融危机造成卢布大幅贬值，股票、政府债券价格大幅缩水。大量企业和银行倒闭，通货膨胀加速上涨，经济活动开始急剧衰退。俄罗斯金融危机不仅导致国内金融体系和经济运行几近瘫痪，还带动欧洲和中亚地区的股市、债市和汇市全面下挫。乌克兰、土耳其、哈萨克斯坦等国受其影响最大。

1998年俄罗斯金融市场动荡加剧，5月19日股价和债市价格大幅下跌。8月，国内经济恶化。8月17日，俄罗斯政府在无路可退的情况下被迫宣布实行新的卢布"汇率波动区间"，使得俄金融市场投资者的心理防线崩溃，最终引发了一场自俄独立以来积蓄最久、最为严重的金融危机。

1998年8月17日，俄政府及中央银行发表了"联合声明"，对俄国内出现的金融危机采取"三大措施"，即

第一，扩大卢布汇率浮动幅度。放弃1997年11月11日宣布的1998—2000年"外汇走廊"，即6.2卢布兑1美元，浮动幅度正负15%。从8月17日起，这一走廊扩大到6～9.5卢布兑1美元，卢布在此范围内浮动。外汇市场当天的成交价，即是央行的官方汇率。

第二，延期清偿内债。1999年12月31日前到期的国家短期债券转换成新的国家有价证券，期限和收益率等条件另行公布。在转换手续完成前国债市场停止交易。此前，俄政府曾号召国债持有者在自愿基础上将债券转换成7年期和20年期的外汇债券，利率在12%以上。但在700多亿美元的内债市场上，响应者寥寥，同意转换的债券，仅有44亿美元，没能解决内债问题。

第三，冻结部分外债。俄商业银行和公司从国外银行、投资公司等处借到的贷款、用有价证券做担保的贷款的保险金，以及定期外汇契约，其支付期冻结90天。同时禁止国外投资者将资金投入偿还期在一年以内的卢布资产。政府强调，"冻结"不涉及政府借的外债。

"三大措施"出台后，俄国内金融危机并未得到缓解，相反，对俄政治、经济和社会产生了巨大的负面影响。（1）金融市场上出现汇市乱、股市跌、债市瘫的局面。卢布同美元的比价由8月17日

的 6.3∶1 暴跌为 9 月 9 日的 22.4∶1，贬值 257%，6 天后又反弹为 8.9∶1，升值 150%。俄罗斯交易系统股价综合指数从上年的 230 点跌到 40 点左右；日交易额从危机前的近亿美元跌至最低时期的数十万美元。进入欧洲企业 500 强的俄罗斯 14 家工业企业的股票总市值由一年前的 1 140 亿美元缩水为 160 亿美元。俄债市停业近 4 个月，4 360 亿卢布国债券的重组方案迟迟未能实施，政府债券在国际上的市值仅为面值的 6%。(2) 受冲击最大的是银行系统，其总资本、存款和贷款均减少了 1/3。1998 年第三季度，俄 1 500 家银行中有 590 家亏损。在即将开始的银行系统重组中，近一半银行将被迫宣布破产。(3) 金融危机使卢布贬值 70%，失业人数大幅上升，生活在贫困线以下的人口由年初的 1/5 增至年底的 1/3，90% 以上的居民生活水平下降。(4) 金融危机不仅冲击金融市场，恶化人民生活，还殃及整个国民经济。1997 年俄国国内生产总值和工业产值分别回升 0.8%、1.9% 和 0.1%，1998 年分别下降 5.5%、6% 和 10%；1997 年俄外贸额增长 1.5%，1998 年下降 12%～13%；1997 年通胀率为 11%，1998 年超过 70%；1997 年俄吸收外资 105 亿美元，1998 年仅为 30 亿美元。

俄罗斯政府实行的"对外延期支付"和强制性"国债重组"，对与俄金融市场和商业银行有着密切关系的西方银行造成了巨大损失。据初步统计，到 1998 年 8 月 24 日，属"延期支付"范畴的俄商业银行对西方银行债务为 192 亿美元，俄企业的欠债为 60 亿～80 亿美元，而根据 8 月 25 日公布的强制性"国债重组"方案，西方投资者称他们在此项的投资"将损失 70%"。受上述措施影响，凡对俄有债权关系的西方银行的股票在 8 月 17 日以后均大幅下跌，尤以对俄银行贷款高达 180 亿马克左右的德国商业银行为甚，对俄有直接投资以及大量出口的俄罗斯的国外企业也不例外。

此次俄罗斯金融危机在全球引起震动，尤其是拉丁美洲的一些与俄罗斯相似的石油出口国家，如委内瑞拉、巴西、阿根廷等均受到很大冲击，至1998年8月底，这些国家股票平均下跌30%，而拉美和东欧国家的金融动荡又波及欧美国家，8月27日，西欧国家股票市场价格平均下跌4%。

5. 1999年的巴西金融危机。

1999年1月13日，拉丁美洲第一经济大国——巴西政府宣布对本国货币雷亚尔实行贬值，并任命费朗西斯科·洛佩斯为中央银行新行长。此举致使拉美各国以及世界其他地区的股市发生动荡，货币危机发展成为一场全面的金融危机，举世震惊，令人深思。

巴西此次发生金融危机绝非偶然。事实上，从1999年10月起，由于受亚洲金融危机的影响，特别是1998年8月俄罗斯金融危机的冲击，巴西的股市和汇市多次发生动荡，金融动荡引起巴西资金大量外流，大量的资金外流又打击了巴西经济，并导致巴西外汇储备急剧减少，货币贬值压力越来越大。

1996年1月6日，巴西发生一特别事件：当年刚刚上任的巴西第三大州米纳斯吉拉斯州州长伊塔巴尔·佛朗哥宣布，该州欠联邦政府的154亿美元的债务拖延90天偿还；另有11个州也要求与联邦政府重新谈判债务问题，加上传出巴西中央银行行长易人的信息，这使得整个巴西的信誉成了问题，早已十分脆弱的外国投资者信心更加动摇。随即，他们开始抛售股票和有价证券并大量撤资，美元的外流不断加快，仅1月12日一天就有12亿美元外逃，达到了顶峰。为了防止外汇储备过度流失，巴西政府于1月13日扩大了雷亚尔的管理波幅，从原来的1美元兑1.12~1.22雷亚尔的范围扩大至1美元兑1.20~1.32雷亚尔，当日雷亚尔贬值近10%。15日，巴西中央银行被迫放弃爬行式盯住汇率制，任凭雷亚尔自由浮动。

到 1 月 19 日，雷亚尔贬值了 23%。

当有关巴西中央银行行长易人及货币贬值的传闻成为事实后，饱受巴西金融动荡（在当地被称为"桑巴效应"）惊吓的投资者纷纷逃离拉美新市场，致使拉美各国以及世界其他地区的股市发生动荡。

据此间媒体报道，连续动荡了 4 天的拉美两大股市——圣保罗和里约热内卢股市 13 日一开盘就直线下跌，13 分钟内主要股票指数均跌破 10% 大关，股市当局不得不启动"断路装置"，中止交易半小时，以避免造成更大损失。

巴西总统卡多佐立即发表讲话，解释说央行行长易人及货币平均年贬值 6% 并不意味政府经济政策的改变，要求公众保持"镇静"。总统讲话后，圣保罗和里约股市交易略有回升，终盘分别下挫 5.04% 和 5.5%。

在遭受巴西"桑巴效应"冲击的地区中，拉美国家首当其冲，南方共同市场的盟友阿根廷的股指下跌了 10.37%，跌幅居拉美之首。

投资者对于巴西"桑巴效应"的恐惧心理也迅速感染到拉美地区以外的股票交易市场。亚太地区中国香港、新加坡和澳大利亚等主要股市分别下跌了 4.09%、2.01% 和 0.85%。伦敦、纽约、巴黎、苏黎世、法兰克福、西班牙等世界著名股市全线下跌，其中西班牙股市跌幅达 6.5%，创历史纪录。

1999 年初爆发的巴西金融危机，表面上看似由货币危机引起，但深入分析之后可以发现，巴西货币雷亚尔在贬值之前高估的幅度约为 7.6%，并非是危机的主要根源，真正引发这场危机的是债务危机。

首先，财政赤字靠举债弥补。作为拉美第一大经济强国，巴西从1994年中开始推出以实行"爬行式盯住美元"为核心的"雷亚尔计划",成功地遏制了持续十几年的恶性通货膨胀,通货膨胀率从1994年高达2 100%的水平骤降至1998年的4%左右;国内经济由此走上了平衡发展之路,1994—1998年国内生产总值平均增长4%。然而,公共部门的赤字问题一直没有得到有效解决,政府债务占国内生产总值的比重不断上升,到1998年约为8%;1998年国债余额达到3 500亿美元,约占国内生产总值的60%。政府背负巨额债务的主要原因有:(1)虽然通货膨胀率骤然减少,但是政府的名义支出没有相应减少,仍然保持高通货膨胀时的支出规模;(2)过于宽松的养老保险政策导致养老金支出庞大;(3)就业政策规定不能随便解雇公务员和工人,存在就业刚性;(4)中央政府对地方政府的财政支出无严格约束;(5)间接税等税制不合理;等等。

巴西政府的债务问题非"一日之寒"。为了弥补赤字,政府只得发行巨额国债,据统计,巴西国内银行体系中44%的资产为政府的债券和贷款。由于政府在高利率的情况下发行国债(短期国债的利率高达25%以上),巨额国债的发行又进一步抬高了市场利率,因此,国债还本付息的压力很大。同时,由于国内私人部门净储蓄率不高,政府只能通过大量举借外债来满足资金需要。1994—1997年,巴西经常项目下的贸易余额从正的108亿美元恶化为负的83亿美元;从贸易余额体现出政府部门净储蓄与私人部门净储蓄的原理来看,巴西巨额的贸易逆差在很大程度上反映出政府部门的净储蓄缺口必须通过境外的资金来支持。1993—1997年,巴西资本项目余额从76亿美元增长到260亿美元。除外国直接投资大幅增长以外,外国投资人购买巴西债券的数额平均每年递增几十亿美元,境外贷款也快速增长。据统计,到1998年底,巴西的外债余额为2 300亿美元左右。由于巴西公司部门借用外债的水平不是很高,所以巴西外债中有很大一部分为政府外债。另据统计，巴西的偿债率为40%，远远高于20%的国际警戒水平。对外支付的巨额外债利息在很大程度上造成了经常项目的赤字。

其次，巨额债务使政府偿债压力过大。从1997年开始，巴西进入偿还内债的高峰期，政府必须从国内外市场借入巨额新债来偿还旧债。这一方面加大了国内货币市场的压力；另一方面，也给外汇市场造成相当大的冲击。与此同时，1998年8月爆发的俄罗斯金融危机进一步影响了国际市场对发展中国家的信心，这既提高了巴西政府借用外债的成本，又造成了大量资金外流，从8月起至10月，巴西损失了近300亿美元的外汇储备。

为了应付这一局面，巴西政府推出了一系列措施，其中包括提高官方利率、降低外国固定收入投资的所得税和改进财政状况等。1998年11月，国际货币基金组织为巴西安排了415亿美元的一揽子经济调整计划。上述措施在一定程度上有助于减少国内债券市场和外汇市场的压力。12月，巴西仍需偿还大量外债，许多外国银行不再为巴西提供贷款展期，国内公司为了防止本币贬值提前赎回发行的债券，这些因素导致巴西资本项目恶化，外汇储备日益减少。在这种情况下，地方政府的发难对联邦政府来说更是雪上加霜，这大大动摇了投资者对巴西政府偿还内外债的信心，终于引发了债务危机。

最后，外资大量流出、外汇储备急剧下降。巴西在1994年进行了经济改革，由于改革成功，1995年以后外资大举流入巴西，特别是美国金融机构在巴西有大量投资。1998年巴西对外债务上升到2 940亿美元。其中短期外债达500亿美元，加上国内短期债务，巴西短期债务总额达1 500亿美元。高额债务令巴西财政负担沉重，而1997年爆发的亚洲金融危机使石油价格下跌，令巴西出口收入下降，国际收支状况恶化。在卢布贬值之后，投资者担心巴西货币雷亚尔也将贬值，因此外资大量出逃。7月份巴西有23亿美元的资金流入，但到了8月份就出现83亿美元的流出。到9月上旬，平均每天有15亿美元流出。资金流失令巴西外汇储备急剧下降，从7月份700多亿美元减少到9月份490亿美元。为阻止资金外流巴西将短期利率提高到近50厘，使巴西经济受到严重打击。8月初到9月中旬，巴西股市下跌55.5%，巴西1998年经济增长率将从1997年3.1%下降到1.5%。巴西金融危机将严重损害美国的经济增长，美国股市债市在10月上旬大幅下挫，道·琼斯股指从9月28日的8 108.84点下跌到10月25日的7 726.24点，美国长债年利率10月9日升破5%，达5.12%。国际货币基金组织为避免巴西危机引发全球性经济衰退，迅速向巴西伸出援手，宣布给予巴西400多亿美元贷款。巴西政府为取得这项贷款，在10月份宣布一项为期三年，削减800亿美元财政支出的改革计划，以加强投资者对巴西金融财政的信心。

11月份巴西议会否决政府计划中关于福利改革的方案，令巴西金融市场再度动荡，12月份外资流出又呈上升趋势。12月份巴西平均每天资金流失量从11月份的1.07亿美元增加到1.83亿美元。对此，巴西政府被迫调整汇率，宣布本国货币雷亚尔贬值8.5%，债务危机引发了货币危机，又进一步演变为全面的金融危机。这主要表现为以下几方面：

股市受影响。1999年新头两周的纽约股市因巴西政府宣布其货币贬值而下滑，而且在1月14日一天内大跌228点，当巴西政府决定不再捍卫本国货币对美元的汇率后，纽约股市随即大幅反弹，飙升219点。即使这样，该周纽约股市仍然总体下跌了303点。危机在继续深化，据报道，1月27日，纽约股市受影响而全面下挫，道·琼斯指数开盘半小时曾上升61点，最后却急挫124.35点，以9 200.23点报收。大盘交易标准普尔500种股票综合指数下滑9.14点，以1 243.17点报收。纳斯达克综合指数重挫26.27点，以2 407.14点收盘。

市场受影响。1月9日，在纽约和芝加哥两个大宗农产品交易市场上，食糖、咖啡、小麦、大豆等价格全面滑落，其中食糖价格下降9%，至近3年来的最低点，咖啡价格降幅也达8%。市场分析家认为，农产品的新一轮降价是由巴西货币大幅贬值引起的。美国市场农产品价格将继续走低，这对已陷入困境的美国农场主更是雪上加霜。

进出口贸易受影响。对美国企业来说，雷亚尔贬值使它向巴西的出口变得更加困难。在美国全部出口商品中，有23%是销往拉丁美洲的，同时由美国各银行提供的国际信贷中也有50%投向拉美。由于巴西的经济规模占拉美一半，巴西经济衰退，势必把邻国也拖入经济泥潭。连锁反应必将殃及池鱼，严重打击美国在拉美地区的投资及现有债权关系。连带冲击美国本土的金融市场。

巴西金融动荡引发的"桑巴效应"威胁着拉美经济，也使其近邻美国甚为担心"后院"起火。巴西的金融动荡还影响波及了世界各地，欧洲股市普遍下跌。1月19日西欧股市全线走低，欧洲其他几大股市也告下跌。当日，伦敦《金融时报》100种股票平均价格指数比前一交易日下跌96.3点，以6 027.6点报收。法兰克福DAX30种股票平均价格指数比前一交易日下跌38.40点，以5 038.45点报收。巴黎CAC40种股票平均指数比前一交易日下跌35.69点，以4 115.99点报收。

从金融监管来看，这次金融危机的教训值得我们引以为戒。

第一，一国的金融稳定需要金融监管，但其前提条件是国内财政要保持平衡。在国内储蓄率不高的情况下,财政赤字必然靠举借巨额外债来弥补。这是因为在财政赤字的情况下,一旦国际市场对政府的偿债能力失去信心,将对该国的货币造成巨大压力,引起汇率大幅波动,最终会影响国内整个金融环境和经济增长。因此,财政稳定是一国金融稳定的前提条件之一,为了避免债务危机引发全面的金融危机,一国必须振兴财政,减少财政缺口。

第二,对外资既要大胆利用,并积极为之改善投资环境,引导投向,但又要避免过分依赖。要保持良好有序的金融秩序,坚持循序渐进的原则开放资本市场,切实防范和化解金融风险。

四、21世纪前10年的金融危机

(一)土耳其金融危机

进入21世纪以来,全球金融危机仍持续不断,比较典型的有2000年的土耳其金融危机和2001年的阿根廷金融危机。这些金融危机的共性之一就是大多发生在新兴市场国家,且在其自身宏观经济条件尚未成熟时急速进入全球金融体系,完成资本项目下的本国货币可自由兑换。尽管经济学家和政府官员普遍认为,允许资本在各个国家间无限制地自由流入和流出对于债务国和世界经济有益,但大量的资本项目自由化的同时,也带来了投机性外汇交易,进而可能会引发银行危机。有的新兴市场国家在经济基本面出现问题的背景下,一旦本国货币被国际炒家狙击,往往首先汇率失守,本国货币大幅贬值,然后银行业遭遇危机,大量中小银行倒闭,危机扩散到整个社会,导致本国经济发展水平出现倒退,多年成果毁于一旦。

2000年11月土耳其爆发金融危机，同时也带动了俄罗斯股市的暴跌，引发了国际社会的广泛关注。

危机主要体现在由银行流动性引发的利率飙升、股市暴跌，国外投资者纷纷提现，造成银行挤兑风潮。外汇波动①，本币需求方面，由于全国范围内的挤兑风潮，中央银行不得不通过公开市场回购国债的方式，放出大量现金，其数额远远超过了1999年底与IMF达成的控制货币发行规模的协议。从遵守有关协议出发，11月30日，土耳其中央银行宣布停止向市场发放现金，导致同业拆借市场利率猛涨。投资者从股票市场中撤出大量资金，投入银行间拆借市场，导致股市暴跌。伊斯坦布尔股票交易所的全国100指数从11月6日的收盘14 369.45点到12月4日7 329.61点，在不到一个月的时间内，下跌幅度达到50%。

这场金融危机的导火线，是土耳其银行监管当局宣布对10家银行展开刑事调查。此举引发外国投资者大量抛售土耳其国债和股票，以图撤离土耳其市场，由此导致众银行出现外汇偿付危机。两周来，土耳其央行不断接到银行缺乏现金的告急电话。为了应对挤兑风潮，该行先后投放了60亿美元的外汇储备。虽然土耳其央行行长称，该行有188亿美元的外汇储备可以用于应付危机，这个数字还不包括10亿美元的黄金储备，但如此大数量的现金投放，已经远远超过了土耳其1999年与国际货币基金组织（IMF）谈判达成的有关控制通货膨胀的协议条款。2000年11月30日晚，土耳其央行停止向市场投放现金，转而向IMF提出救援。

一年前，IMF曾批准向土耳其提供40亿美元的贷款，以帮助土

---

① 自2000年11月中旬开始两周内，投资者的外汇需求达到66亿美元，而中央银行大约抛出70亿美元以应付外汇需求。12月3日，中央银行官员披露，该国240亿美元的外汇储备目前尚余188亿美元。

耳其实施一系列的经济改革措施，消除金融隐患，并将两位数的通胀控制在一位数的水平上。一年来，土耳其政府大刀阔斧地推行了其稳定经济和结构调整的改革计划，并且做得非常出色，比如，不仅大幅度提高了财政收入，而且建立了独立运作的银行监管处，排除一切政治干扰，加大对金融系统的监管力度。更令人瞩目的是，在得到世界银行10亿美元的贷款承诺后，土耳其国会通过了一项法案，决定对过去由于代表政府发放补助性贷款而亏损将近250亿美元的三家大型国有银行实行私有化。

土耳其的银行系统脆弱，许多银行都有官商勾结、管理松懈、内幕交易的特征。加之，两位数的通货膨胀，使得防范危机的效果并不理想。在金融危机发生之前的18个月内，土耳其政府已经接管了数十家涉嫌官商勾结的银行，但银行业问题远未解决。2000年11月20日，政府公布了必须重点监督的十多家银行的名单，同时警方也展开对这些银行的调查活动。市场又传闻全国大小银行83家，多为经营不善。国内外投资者担心整个金融体系安全性而发生"挤兑"，导致银行周转不灵，向中央银行求救。挤兑风潮迅速扩散到全国各地，外资开始撤离市场，市场出现外汇短缺。

此次由银行体系引发的这场危机将会对土耳其的整个国民经济产生很大影响。不仅是银行体系，还有以控制通胀为目标的整个有限浮动汇率体制也受到冲击。从金融监管来看，土耳其当局由于将大量的资金注入其金融系统，而不是选择加速关闭有问题的银行也是一个教训。之所以这么说，原因有三个方面：一是总的资金注入并不能满足个别银行的饥渴；二是额外的流动资金注入，正好与政府抑制通胀的计划背道而驰，抵消了这一计划的成效。众所周知，要抑制通胀，就要求控制国内的货币供应；三是额外的资金注入使得有限浮动汇率体制更加扛不住了。

这一错误的直接后果就是削弱了货币当局的信用，耗尽了国家的外汇储备，并且进而为了防止外汇抽逃而使国内利率飙升到令人不可思议的高度。正是由于这个错误，一部分银行的财务隐患被最终放大升级成全面的金融和外汇系统的危机。

土耳其现任政府是该国历年来最稳定并且最具改革意识的政府，它值得国际社会伸出援助之手。IMF 的援助贷款将使土耳其有实力捍卫抑制通胀的根本——有限浮动汇率体制。

（二）2001 年阿根廷金融危机

阿根廷金融危机是 1982 年拉美国家债务危机的悲剧在阿根廷又一次重演。作为拉美第三大经济实体的阿根廷自 1970 年以来已经发生 8 次货币危机。2001 年初以来，阿根廷金融形势不断恶化，数次出现金融动荡，7 月份危机终于爆发。证券股票一路狂跌，反映一个国家信贷风险度的国家风险指数狂升不止，资金大量外逃，国际储备和银行储备不断下降，同时，政府财政形势极端恶化，已经濒临崩溃的边缘。

2001 年 7 月，由于阿根廷经济持续衰退，税收下降，政府财政赤字居高不下，面临丧失对外支付能力的危险，酝酿已久的债务危机终于一触即发，短短一个星期内证券市场连续大幅下挫，梅尔瓦指数与公债价格屡创新低，国家风险指数一度上升到 1 600 点以上，国内商业银行为寻求自保，纷纷抬高贷款利率，其甚至达到 250%～350%。几天来，各商业银行实际上停止了信贷业务，布宜诺斯艾利斯各兑换所也基本停止了美元的出售。8 月份阿根廷外汇储备与银行存款开始严重下降，外汇储备由年初的 300 亿美元下降到不足 200 亿美元。危机爆发后短短几个星期内，阿根廷人已从银行提走了大约 80 亿美元的存款，占阿根廷私人存款的 11%。11 月份阿根廷股市再次暴跌，银行间隔夜拆借利率更是达到250%～300%。受此影响，纽约摩根银行评定的阿根廷国家风险指数曾一度突破2 500点。12月，阿根廷实施限制取款和外汇出境的紧急措施，金融和商业市场基本处于停顿状态，并进一步削减公共支出，加大税收力度。同时，阿根廷政府与IMF有关12亿美元贷款到位的谈判陷入僵局。有关阿根廷陷入债务支付困境和货币贬值的谣言四起，银行存款继续流失。2002年1月3日，阿根廷没有按时偿付一笔2 800万美元的债务，正式开始拖欠该国高达1 410亿美元的债务。1月6日，阿根廷国会参众两院通过了阿根廷新政府提交的经济改革法案，为放弃执行了11年之久的联系汇率制和比索贬值开了绿灯。此后，在国会的授权下，阿根廷终于宣布放弃了比索与美元1∶1挂钩的货币汇率制，阿根廷比索贬值40%。目前，由杜阿尔德总统领导的新政府正号召全国团结起来，积极配合国际经济组织，寻求国外援助，尽快摆脱经济崩溃的厄运。但阿根廷政府面临的经济和社会形势依然不容乐观，新经济措施的实施仍然面临严峻的挑战。

本次债务危机虽然没有1982年墨西哥债务危机那样迅速，其"多米诺骨牌效应"也远未达到引发全球金融危机的地步，但其影响仍是巨大的。

首先，政府和银行信用降至最低。到危机爆发时阿根廷外债已达1 322亿美元，其中946亿美元为政府债务，其余为国际金融机构的贷款。并且财政赤字居高不下，仅2001年上半年财政赤字就接近50亿美元，由于一再突破国际货币组织规定的财政赤字指标，其与各国借款银行及货币基金组织的借款谈判举步艰难。与此同时，阿根廷银行面临挤兑危机，各大银行门前纷纷出现排队提款的现象，于是政府不得不实施金融监管，直到下令冻结个人存款，甚至到了出动警察搜查外资银行,以防止大量资金外逃的程度。

其次,债券市场大幅波动。梅尔瓦股票指数几经反复,政府公债价格一路下跌,在纽约上市的布雷迪债券价格也遭受相同命运,银行贷款利率更是成百倍地上涨。

再次,波及周边国与债权国。首当其冲的是阿根廷的邻国,巴西及智利货币兑换美元迭创新低,尽管巴西央行曾入市干预,但是其货币雷阿尔仍大幅贬值。阿根廷放弃比索与美元1:1汇率而将比索贬至40%,立即在巴拉圭和乌拉圭等国产生了连锁反应,这两个国家目前已相继宣布货币贬值,以减少阿根廷比索贬值后商品的竞争冲击。与此同时,欧洲、中东及非洲等地新型债券、货币及股票市场,在波兰货币兹罗提及南非货币兰特的带动下全面大跌。

最后,引发社会动荡。阿根廷债务危机爆发后,阿根廷政府数易总统及经济部长,经济政策也屡屡调整,但成效不大。政府先后采取的提高税收,削减公有机构员工工资和补贴,冻结个人存款等极端措施,遭到民众的强烈反抗,骚乱时有发生。

(三) 2007年美国的次贷危机

1. 次贷危机发生过程概述。

2007初以来,因美国次贷危机引发的金融动荡正不断扩散和深化,次贷危机已经演变成全球金融危机。在此次次贷危机的演化和发展中,以金融衍生品为线索,可把这一危机过程分为三个阶段:

第一阶段金融风暴主要表现为"次级抵押贷款"业务巨额亏损,并导致包括美国新世纪金融公司等在内的一批抵押贷款公司破产;第二阶段则是由"次级抵押贷款支持债券"及"担保债务凭证"业务巨亏,造成包括美国第五大投行贝尔斯登在内的一批金融机构破产;第三阶段是由于"信用违约互换"业务巨亏,造成美国最大的两家住房抵押贷款公司（即房利美和房地美）和全球最大保险公司美国国际集团（AIG）因陷入困境被美国政府接管、美国第四大投行雷曼兄弟破产、第三大投行美林被美国银行收购，排名前两位的投行高盛、摩根被迫转为一般性银行，整个华尔街模式崩溃。

这三个阶段形势不断恶化，金融危机的态势一步步蔓延，而且暴露的深层问题也一次比一次严重，倒下的金融机构规模和所引发的全球金融市场震荡程度也持续升级。

2. 次贷危机中的金融创新——金融衍生品。

在美国次贷危机中，部分金融衍生产品起了推波助澜的作用，使得危机不断放大。这里，笔者对这次次贷危机中所运用的部分金融创新品种进行简要剖析，以便能够从金融监管的视角采取对策。

（1）次级按揭贷款（Sub‐prime Mortgage）。

美国住房抵押贷款市场自20世纪90年代以来高速发展。贷款对象大致可以分为三个层次：即优质（Prime loan）抵押贷款、近似优级（Alternative）贷款和次级（Sub‐prime）抵押贷款。这三种信用等级不同的房屋抵押贷款其信用等级依次降低，大致情况如下：

优质抵押贷款→近似优级贷款→次级抵押贷款

优级贷款主要提供对象为信用评分最高的个人（信用分数在660分以上），月供占收入比例不高于40%及首付超过20%以上；近似优级贷款的提供对象为信用评分较高但信用记录较弱的个人，如自雇以及无法提供收入证明的个人；次级贷款的对象则为信用分数较差的个人，尤其是消费者信用评分（FICO）低于620分、月供占收入比例较高或记录欠佳，及首付低于20%。

通常情况下，信用分数较差的个人或月供占收入比例较高和首付低于20%的人是很难获得住房抵押贷款的。然而在2001—2004年，美国新经济泡沫破裂后，美联储为刺激经济，实施低利率政策，连续13次降息，利率从6.5%降至1%的历史最低水平，并实施了宽松的房贷政策，鼓励人们消费买房，因此刺激了次级抵押贷款市场的繁荣发展。

（2）按揭贷款抵押支持债券（Mortgage Backed Security）。

美国的房屋贷款大多通过证券化后向市场发行，所产生的债权产品叫房屋按揭抵押支持债券（Mortgage Backed Security，MBS）。房屋按揭公司将一些按揭贷款汇集成一个贷款池，然后进行分割打包证券化发行。由于获得贷款者还本付息的资金流是投资房屋按揭抵押支持债券的所得，因此根据贷款人的资质、获得现金流和承担违约损失顺序的先后，债券评级机构如标准普尔、穆迪公司等会对不同按揭产品进行评级划分，AAA级的为优先级（Senior Class），AA级和A级的为夹层级（Mezzanine Class），其他更低的BBB级到B级为低层级（Subordinate Class），而另有平均仅约5%债权为无评级的最低的权益级（Equity Class），用来最先承受违约损失（First loss piece）。

一般来说，优级贷款由包括美国联邦国家房屋贷款协会（Fannie Mae，房利美）、联邦住房抵押贷款公司（Freddie Mac，房地美）等有一定政府信用支持的按揭债券发行机构进行发行，信用等级为AAA级。而近似优级贷款和次级贷款则多被划分后重新打包，成了发行的资产支持型抵押债务权益（ABS、CDO）的抵押品。这一金融创新方式使得不同风险偏好的投资者得以参与，因此使更多的次级按揭得以证券比发行。但这一证券化过程牵涉对按揭贷款种类进行复杂的细分，并且只能用金融计算模型来估计未来CDO债券的现金流状况，而不同的债券评级机构、按揭发行人、投资机构的金融模型都不相同。这虽然促进了此类产品交易的活跃，但同时也埋下了定价机制模糊、评级变化巨大的隐患。

(3) 资产支持债券型抵押债务权益（ABS CDO）。

资产支持证券（Asseted-Backed Security，ABS）是以其他资产的现金净收入为价格支持而进行的一种证券化过程。通常的 ABS 包括对房贷、住房权益贷款（Home Equity Loan，HEL）、车贷、信用卡还款等未来现金流进行证券化发行后出现的产品。抵押债务权益（Coltateralized Debt Obligation，CDO）是购买某种证券池，并以该证券池内的资产和未来现金值为抵押品而发行的一种权益产品。归根结底，CDO 是证券化金融创新下创造出的一种衍生品。支持 CDO 的证券池包括各种企业债券、杠杆贷款和资产支持债券（ABS）。而以资产支持债券为证券池的抵押债务权益称为资产支持型抵押债务权益（ABS CDO），约占所有 CDO 的 65%。

资产支持型抵押债务权益（ABS CDO）对于原有次级贷款池中的 BBB 级贷款部分进行再分割并人为分出还款先后次序，将其再次分级为高级（High Grade）和夹层级（Mezzanine），高级的在 A 级以上，而夹层级为 BBB 级。这种分割后再分割的"金融创新"甚至还可能不止一次，于是就创造出了 CD02、CD03……这样的多层衍生产品。一个标准的 ABS CDO，其抵押证券池可能包括住房权益贷款（HEL）、其他 CDO、住房按揭支持债券和其他资产。这样就形成了非常庞大而又复杂的资产支持结构。而普通的 CDO 不但可能包括各种 ABS，而且还会含有各种级别和收益率的企业债、贷款等产品，使得整个 CDO 的评级和收益率达到优化，吸引市场投资者购买。其中，发行者和承销商得到了巨大的发行承销盈利，但其中的风险却在市场中累积了起来。2003 年以来，以次级按揭为支持的 CDO 规模膨胀十分迅速。

3. 信用违约互换。

信用违约互换（Credit Default Swap，CDS）是一种金融资产的违约保险合约。债权人通过该合约将债务风险出售,合约价格可以视做保费。购买信用违约互换的一方被称为买家,承担风险的一方被称为卖家。双方约定,如果标的金融资产没有出现违约情况,买家向卖家定期支付"保险费";一旦发生违约,则卖方承担买方的资产损失。在CDS合约中,CDS买方定期向CDS卖方支付一定的费用,该费用一般用基于面值的固定基点表示。如果不出现信用主体违约事件,则CDS卖方没有任何现金流出;而一旦信用主体出现违约,CDS卖方有义务以现金形式补偿债券面值与违约事件发生后债券价值之间的差额,或者以面值购买CDS买方所持债券。CDS卖方可由主承销商或商业银行等第三方来担任,并且可以在银行间市场或其他市场进行CDS的交易,从而转移自身的担保风险。

CDS是目前全球交易最为广泛的场外信用衍生品。ISDA(国际互换和衍生品协会)于1998年创立了标准化的信用违约互换合约,在此之后,CDS交易得到了快速的发展。信用违约互换的出现解决了信用风险的流动性问题,使得信用风险可以像市场风险一样进行交易,从而转移担保方风险,同时也降低了企业发行债券的难度和成本。截至2007年底,CDS达到顶峰,规模为62万亿美元,最大的部分是企业债(占80%),而MBS仅占20%。

4. 次贷危机中金融衍生品的风险传递过程。

2004年前,房地产市场和消费市场的繁荣拉动了美国经济高速增长。在这一阶段,美国次级抵押贷款快速扩张,使大量无法获得优级贷款的低收入群体或信用等级不高的购房者可以通过次贷购买住房。强劲的购房需求刺激房价快速上升,房价上涨预期又反过来增强了购房者贷款买房的动机。房价和贷款需求的相互促进创造出大规模的次级贷款。在这个过程中,美国贷款机构为了分散风险和拓展业务,实现利益最大化,把住房按揭贷款打包成MBS进行出售回笼资金。大量的次级贷款通过证券化过程，派生出巨额 MBS。在 MBS 的基础上，经过进一步的证券化，又衍生出大量 ABS。投资银行购买 MBS 后，把基础资产的现金流进行重组，设计出风险和收益不同档次的新债券，也就是担保债务凭证 CDO，然后再推出能够对冲低质量档次 CDO 风险的信用违约互换 CDS。金融机构在 CDO 和 CDS 等衍生品交易中，还往往运用高杠杆比率进行融资。于是基于 1 万多亿美元的次级贷款（SM），创造出了超过 2 万亿美元的次级债（MBS），并进一步衍生和创造出超万亿美元的 CDO 和数十万亿美元的 CDS，金融创新的规模呈几何级数膨胀。这些结构化的组合产品形成了我们所谓的次贷价值链 SM - MBS - CDO - CDS。美国次贷危机的爆发正是由于这一金融创新链条的过度膨胀而造成的。

自 2006 年开始，美国的经济环境出现逆转，利率上调、房价下跌、经济放缓，这一系列的变化导致贷款人的还款压力迅速增大，房市的低迷又使得借款人无法靠房产增值、重新融资来减轻债务负担，以住房为抵押的次级贷款违约率上升，以美国第二大次级抵押贷款公司新世纪金融公司为首的一批抵押贷款公司破产，次贷危机爆发。次级抵押贷款的损失引发了连锁反应，随着次级抵押贷款的违约率不断上升，次级贷款支持的金融产品 MBS、ABS 等，因基础资产出现问题，其违约风险骤然上升。此时，信用评级公司纷纷下调这类证券的评级，导致大量拥有此类产品的机构投资者出现大规模亏损，终于造成包括美国第五大投行贝尔斯登在内的一批金融机构倒闭，次贷危机恶化。随着危机的深入，一直被华尔街捧为赚钱机器的 CDO、CDS 等金融衍生品遭受了更大的损失。对于处在次贷危机金融链条末端的 CDO 和 CDS 等金融衍生工具而言，它们本身就存在两大制度性风险：一是完全通过场外交易市场（Over - the - counter，OTC）在各机构间进行交易，没有任何政府监管；没有集中交易的报价和清算系统，流动性非常差；二是普遍具有杠杆经营的特征，实行保证金交易，并实施按市值定价（mark-to-market）的会计方法。一旦CDO和CDS快速跌价，市场价值缩水，在杠杆作用下，追加巨额保证金就会给持有者带来灾难性的损失。在经过不断的衍生和放大后，CDO和CDS的规模是次贷的数十倍，将整个金融市场暴露在一个前所未有和无法估量的系统性风险之下。"两房"、雷曼、美林和AIG的破产和被收购等一系列事件将次贷危机推向深渊。

（四）2009年迪拜金融危机

阿联酋迪拜于2009年11月25日宣布将重组其最大的企业实体迪拜世界，这是一家业务横跨房地产和港口的企业集团。迪拜还宣布，将把迪拜世界的债务偿还期延迟6个月，迪拜的信用评级被大幅下调。围绕迪拜债务危机的风波目前稍稍平息。迪拜是阿联酋7个酋长国之一，与阿联酋首都所在的阿布扎比酋长国不同，迪拜没有丰厚的石油储藏，经济以地产、金融和旅游开发为主。迪拜世界是迪拜最大国有集团，堪称迪拜经济发动机。迪拜当局25日宣布，受巨额债务困扰，迪拜世界将重组，公司所欠近600亿美元债务将至少延期6个月偿还，其中包括迪拜世界下属地产巨头纳西勒公司即将于12月到期的35亿美元伊斯兰债券。截至2016年8月，迪拜总共拥有800亿美元债务，其中迪拜世界负债590亿美元。

作为政府经济多元化的主导政策之一，迪拜2002年宣布建立国际金融中心。2004年9月，迪拜政府决定设立迪拜国际金融中心（DIFC）。DIFC成立后，在国际金融中心建设上取得了很大的成就，基本奠定了在伊斯兰世界金融中心的地位，对国际金融发展也有很大的影响。美国道琼斯公司还专门与迪拜国际金融中心以及总部设在迪拜的一家投资银行共同发布"道琼斯—迪拜国际金融中心指数"。该指数以巴林、埃及、约旦和阿联酋等 10 个阿拉伯国家的 50 家公司的股票为编制对象，与道琼斯指数、日经指数和伦敦金融时报指数等同时公布。

迪拜债务危机实际是 2008 年美国金融危机的深化，也从侧面说明此次全球金融危机影响之深。迪拜设立 DIFC 的一个重要原因是为迪拜大规模的经济建设融资。DIFC 成立后，确实对吸引国际资金，尤其是伊斯兰资金起到重大作用，从而导致了迪拜资本市场和房地产市场的繁荣，也带动了迪拜经济和建设的快速发展。迪拜经营的一个很大特点是高杠杆率。在金融危机的冲击下，国际资本对风险的偏好下降，放弃债务率高的高杠杆资产、追求低杠杆资产成为一种趋势。在这种全球范围的"去杠杆"浪潮下，国际资本不断撤离迪拜，导致迪拜资产价格持续下跌，很多 DIFC 发行的各种金融工具建立在迪拜资产之上，资产价格的下降，加速了持有迪拜金融产品机构的财务紧张状况，最终导致迪拜世界债务危机。

迪拜世界的债权人主要分布在海湾地区，但也有不少欧美金融机构涉足。作为主权投资公司，迪拜世界还是一些境外上市公司的主要股东。由此，迪拜世界冲击波迅速从海湾扩散到全球金融市场。迪拜金融危机的影响至少有以下几点：一是迪拜信用评级遭下调，信用已不及冰岛。二是祸及五大银行：最大的十阿布扎比商业银行和阿联酋 NBD PJSC，其他债权银行包括汇丰、巴克莱和苏格兰皇家银行。三是或引发新兴市场违约浪潮。四是打击了市场信心。五是全球股市期货大跌。

客观地说，尽管迪拜也出现了主权债务危机，但由于其违约风险存在于国有企业，并非主权政府本身，违约事件后的应急措施也较为迅速，因此，迪拜危机对于世界金融市场的影响相对较短。

在现代经济运行中，债务融资是金融杠杆的重要方式，而在决策过程中，对于风险的判断与衡量，又是确定融资杠杆率的关键一环。在有利市场条件下，较高的杠杆率将放大收益，而一旦条件逆转，高杠杆率也将成为锁喉的绳索。

迪拜近年来选择了高度倚重高端的房地产和金融等相关行业的发展战略，以实现经济突进。但是超速的发展蕴含着巨大的风险。随着全球经济走势预期降低，由于资金偏好的转移，迪拜的各类高端项目未能吸引足够的租客或者买家，其账面价值也因此不断缩水。这导致了融资或再融资日益艰难，"烂尾"工程项目不断涌现、盈利模式搁浅，企业和政府最终难以为继。

迪拜危机并非孤立的样本，各国为应对危机而逐渐造就的利率极低、资金丰裕的金融环境也正产生新问题，特别是依赖低成本美元资金的套期投机，一旦风险监管缺失或再度放松，可能给经济带来新的风险。

具体而言，迪拜危机直接影响了不少欧洲的金融机构，美国同业遭受损失的可能性也不能排除。这些在金融危机中受到明显冲击的银行类机构在修复"堤坝"的同时为何再次"失察"，值得业界深思，应引起发达国家监管当局的高度警醒。迪拜危机也给新兴经济体敲响了警钟：地产泡沫破灭牵连甚广，如果出现市场异动，或者类似信用风险危机再次爆发，新兴市场整体或将受到冲击。

当前，全球的危机应对行动还处在"进行时"。如何防范金融危机再次"探底"，推动、巩固全球经济的复苏势头，是重要而严峻的全球性课题。正如国际货币基金组织总裁卡恩所言：世界经济正在企稳好转，但依然高度脆弱。因此各经济体当局仍需重视风险，加强监管，而金融领域的风险管理尤其重要。

(五) 2009—2010 年希腊债务危机[①]

2009 年 10 月初,希腊政府突然宣布,2009 年政府财政赤字和公共债务占国内生产总值的比例预计将分别达到 12.7% 和 113%,远超欧盟《稳定与增长公约》规定的 3% 和 60% 的上限。鉴于希腊政府财政状况显著恶化,全球三大信用评级机构惠誉、标准普尔和穆迪相继调低希腊主权信用评级,希腊债务危机正式拉开序幕。希腊成为政府救市风潮中倒下的第一个欧盟国家。

2010 年希腊金融危机扩展的速度远远超过了大多数人的想象,全球股市不断下滑之余,欧元也节节败退,而葡萄牙、西班牙也纷纷爆出债务危机的风险,希腊的主权评级也被调降一档,从 A - 降至 BBB + 。随着主权信用评级被降低,希腊政府的借贷成本大幅提高。从目前的情况看,希腊政府必须在 2010 年紧急筹措 540 亿欧元资金,否则将面临破产"威胁"。除希腊外,目前处于欧洲债务负担重灾区的葡萄牙、爱尔兰和西班牙等国的财政状况也引起投资者关注,意大利、比利时等国的主权信用也受到投资者广泛猜疑。

希腊债务危机的产生,具有一个逐步积累的过程。从 2004 年开始,希腊的经常项目账户赤字不断升高,2004 年希腊的经常项目赤字仅为 GDP 的 6%,而到了 2008 年已经达到了 14.4%,在 5 年的时间内,经常项目赤字占 GDP 之比上升超过一倍。对于经常项目账户的赤字,我们可以将其分为两个部分,一部分来自私人部门的赤字,另一部分则来自政府的财政赤字。从 IMF 公布的数据看,希腊政府每年的财政赤字约占 GDP 的 3% ~ 5%,从 2006 年开始,财政赤字占 GDP 之比就一路上升,具体来说,2006 年财政赤字约为

[①] 本部分内容参阅了英国《金融时报》中文网站 2010 年 2 月 9 日刊登特约撰稿人周浩的文章,题为《希腊的债务危机》。

GDP 的 2.8%，到了 2008 年则达到 GDP 的 4.4%。尽管如此，财政赤字与总体的经常项目账户赤字之间只有仍然占 GDP 10 个百分点的差距，理论上来讲，这 10 个百分点来自于私人部门。

从整体财政的角度来说，如果每年存在财政赤字，就意味着要发国债。一般而言，公共债务占 GDP 的比重这个指标不应超过 50%[①]。IMF 的数据显示，在经济危机前，希腊的公共债务几乎是 GDP 的 100%，严重超过警戒线。此外，由于财政赤字长年较高，经常项目存在较大的逆差也意味着较低的外汇储备，然而希腊就走在这样一条危险的道路上，出于经济刺激的需要，2009 年的财政赤字达到 GDP 的 12%，这是 2008 年水平的 3 倍，而公共债务余额则从 GDP 的 100% 左右一下上升至 GDP 的 130%，同时，主权评级被调降意味着政府需要提高国债的收益率以吸引投资者，这样一来又多出了一笔利息支出。更糟糕的是，危机一旦产生，将无可避免地对欧元产生巨大压力，同时，对世界金融市场来说，投资风险偏好的不断下降也对实体经济的恢复有着不可忽视的制约力量。

希腊同其他欧元区一样，一方面失业率高，另一方面又以高福利著称，基数大、补偿高，这便会导致政府长期受到失业救济的拖累。由于受到选民的压力，政府又无法随意减少或者取消失业救济。希腊的失业率常年在 10% 左右，在欧洲地区并不算最高，但对于一个底子相对较薄的国家来说，失业救济却是一个沉重的压力。失业人口多，也限制了政府的税收收入的增加，因为上班族才是纳税人。希腊的总体税收一直维持在 GDP 的 40%，多年没有提高，而支出却在逐年增加。

而从更加广泛的社会因素来看，希腊高企的老龄化人口，才是

[①] 当然这一指标也并非绝对不可逾越，比如日本就是一个例外，其公共债务超过 GDP 的 200%，但很少有人认为日本会出现偿付危机。

财政遭遇困难的根本原因。希腊老龄化问题严重，老龄人口占总人口之比在欧洲名列前茅。而根据欧盟老龄化工作小组的统计，希腊的老龄化负担约占 GDP 的 15.9%，是全欧洲最高的。老龄化的沉重压力意味着政府更高的养老金支出，而养老金的管理水平较低也造成了大量的浪费。在 2008 年之前，希腊有 133 个养老金基金，这造成了政府的多头开支和高企的行政费用，2008 年，希腊政府痛下决心，将其合并为 13 个养老金基金，但更多的管理问题的解决，仍然需要时间和政府的决心。

欧元区私人部门的储蓄率较低，政府鲜向老百姓借钱，一般是从海外市场借入美元。希腊政府的税收收入是欧元，一旦欧元汇率出现大幅下滑，就需要拿出更多的欧元来偿还美元的债务。这也意味着债务的变相增加，如此一来，政府更加无力偿还，那么主权信用评级和主权货币都要被继续调降和贬值，又会造成债务的增加，这就是典型的债务危机的形成过程。

这次希腊债务危机产生的原因有以下一些因素：

其一，在希腊由于私人部门的赤字巨大，几乎达到了 GDP 的 10%，究其原因，这实际同希腊的社会和人口年龄结构有关。由于人口老龄化，生产产出由于劳动人口的减少而逐渐降低，而社会支出却会不断提高。换言之，供应小于需求，而内需旺盛、供应不足的希腊只能求助于进口，这就导致了私人部门的开支也出现了"赤字"。同时，风险被转嫁到金融部门，从希腊整体的银行负债表来看，其核心资本充足率已经出现了逐年下降的情况，这也成为希腊宏观经济的一个隐忧。

其二，财政支出的增加也来自政府本身的开支巨大，其中政府公务员的收入一直被 IMF 所诟病。从希腊整体的情况看，社会工资水平一直在高速增长，尽管 GDP 增速永远徘徊在 1%～2%，实际工资增速却一直高于5%，在2008年甚至达到了8%，高于欧盟国家4个百分点。在整体收入提高的情况下，更容易享受到加薪的公务员，也就成了收入提高的最大获益者。加之，政府人员工资支出增加、人浮于事而效率降低，也使政府的总体财政状况不断恶化。

国外也有媒体撰文分析了另外的原因①。这种观点认为，华尔街采取和造就美国次贷风暴近似的策略，帮助欧洲政府掩饰其与日俱增的负债，导致动摇希腊的金融危机恶化，以及欧元的地位遭受破坏。在华尔街的协助下，希腊过去十年来一直努力在躲避欧洲负债的限制。由高盛制造的一笔交易，让希腊数十亿美元的债务，得以躲过布鲁塞尔预算监督人员的审查。即使危机一触即发，这些美国银行仍在寻求帮助希腊，在负债遭清算前找出先发制人的方法。2009年11月初，也即雅典成为全球金融危机冲击前三个月，高盛一组人马抵达雅典，对号称要偿还负债的希腊政府提出一个非常现代化的建议，要利用衍生性金融商品帮其躲债，此举导致华尔街在全球最新一场金融危机中所扮演的角色备受质疑。

在希腊加入欧洲货币联盟的2001年，高盛帮该国政府悄悄贷进了数十亿美元。因为被视为货币交易而非贷款，而没有对外发布，这笔交易帮助雅典在入不敷出下，不只达到欧洲赤字的规定，还得以继续挥霍。希腊为此支付了高盛大约三亿美元的费用。

正如美国次贷危机以及美国国际集团（AIG）倒闭事件爆发，金融衍生性商品在希腊快速累积的负债上也扮演了重要的角色。由高盛、摩根大通以及其他多家银行发展的金融工具，让政治人物得以掩饰希腊、意大利或是其他地区的额外借款。华尔街并非欧洲债

---

① 参阅财经报道2010年4月14日，《希腊金融危机 真正的帮凶是华尔街》，作者：ceeteesty，参见《纽约时报》相关报道。

务问题的创造者，不过美国的银行让希腊和其他国家透过完全合法的交易借款，而不管这些国家早已入不敷出。

解决上述问题之措施，不外是"开源节流"，即通过改善税收体系和税种来增加收入，同时，通过降低公务员工资和养老金的支出来减少开支。但说易行难。当希腊总理宣布一系列节衣缩食的改革措施后，利益受到损害的希腊民众同时在60多个城市发动示威游行，面临大选压力的执政党不得不出面安抚。同时，希腊政权一直不够稳定，在本次危机前，代表中右派利益的新民主党在2007年以微弱优势获胜，而左派的社会党却在2009年7月的欧洲议会选举中获胜，并要求提前大选，这无异于雪上加霜。重重压力让希腊政府错过了在经济形势相对理想的2003—2007年进行财政结构调整，根据希腊政府对IMF的承诺，希腊本希望2009年把财政赤字控制在GDP的3.7%，并在2010年达到3%的欧元区最低目标。但事实上，希腊在2009年和2010年的财政赤字都超过了GDP的10%。

总之，希腊经济存在结构性弊端，竞争力下降、政府财政入不敷出、深陷债务泥淖等因素都对我们有深刻的借鉴和启示。当然从市场角度看，投资者的非理性投机炒作也是助推欧洲债务危机不断升级的重要原因，这些都需要我们引以为鉴。

第三节　全球金融监管的重建

通过第二节对于金融危机的阐述，可以看到金融危机背后的复杂因素。特别是最近10多年来，全球金融危机频繁发生，每一次金融危机的发生，实质也是一次对金融监管规则、监管体系全面的测试和考验。当前，由于次贷而引发的金融危机早已演变为一场全球性的经济衰退,然而,由次贷危机所暴露的金融监管的种种弊端及其变革的争论却并没有因此而停止。金融危机所带给我们最重要的也许就是如何对现有的国际金融监管进行变革,建立国际金融监管的新秩序。

一、国际金融监管章程及其修订评析

(一) 主要的国际金融监管章程

目前国际金融监管的章程体现在巴塞尔银行监管委员会所制定和公布的一系列协议和文件,这些协议和文件主要有《巴塞尔协议》和《有效银行监管的核心原则》等。这些协议和文件已得到各国政府的认可,并已作为银行监管的主要标准,但仍有其不足之处,这次金融危机暴露了这些问题。

1. 三个《巴塞尔协议》。

巴塞尔银行监管委员会是国际清算银行"银行管理和监督常设委员会"的简称,是国际金融监管、协调和合作的主要国际机构。巴塞尔银行监管委员会制定并通过了一系列以《巴塞尔协议》为总题目的国际协定和文件,这些协定和文件是比较系统化的规范国际金融机构和国际金融活动的规则。巴塞尔银行监管委员会公布和通过了以下主要文件。

1975年12月,十国集团和瑞士中央银行批准了《对银行的外国机构的监管》,这一文件被后来国际社会称为第一个巴塞尔协议。它制定了国际合作监管的指导原则。这些原则包括任何银行的外国机构都不能逃避监管,在这方面母国和东道国应共同负责。东道国有责任监管在其境内从事金融经营活动的外国银行;东道国和母国应共同分担监管责任。跨国银行的流动性主要由东道国负责监管，但是其子银行的流动性应由其总行负道义上的责任。跨国银行外国分行的清偿力主要由总行负责，但是其外国子银行的清偿力的监管则主要由东道国负责。为了促进合作，跨国银行所在国的监管机构和跨国银行分支机构所在国的监管机构不应局限于银行保密法，而应相互提供信息。东道国应允许跨国银行总行直接检查其海外机构，或者跨国银行总行应允许东道国当局代为检查。

1983年5月，巴塞尔银行监管委员会又通过了《修改后的巴塞尔协议：对银行国外机构监管的原则》，这被称为第二个巴塞尔协议，它对第一个巴塞尔协议做了补充。协议重申应当使用综合监管法来检查一家银行的全球营业，而且应当考虑对跨国银行的最后贷款人在母国和东道国之间的责任分担问题。在监管方面，母国和东道国不仅应责任分明，而且应互通信息，密切合作；该协议在外国银行机构类型划分中新增了一项条款，即持有银行全部或多数股权的工商业公司属非银行机构；协议强调任何银行不得逃避监管，而且这种监管是充分的，因此，如果母国金融监管当局对其银行的海外分支机构监管不够充分，东道国可以禁止这些银行在其境内经营，或者它有权加强对这些银行分支机构的监管，另外即便母国金融监管当局对其银行实施了综合监管，东道国仍然有权拥有对其个别银行分支机构进行监管的权力；确定了监管责任的分工体系，规定了分行的清偿能力的监管由母国金融监管当局负责，但是其子行的清偿力监管则由东道国和母国共同负责，东道国当局之所以要担负责任，是因为子行是其境内的独立法人，母国金融监管当局之所以要担负责任，是因为子行是其综合监管的一部分。在流动性方面，分行的流动性管理改为由母国和东道国共同负责，由总行控制分行的流动资产和流动负债，总行一般从全球角度综合管理其流动性，子行和合资银行的流动性监管虽仍由东道国承担，然而总行也应开具保函，保证对子行提供备用信贷。在外汇头寸方面，外国机构的外汇头寸监管由母国和东道国共同负责，跨国银行总行管理其全球外汇头寸，东道国只监管其境内的外汇交易和外汇头寸。

1988年的巴塞尔协议为《关于统一资本衡量和资本标准的协议》。该协议规定了资本的构成，它应分为核心资本和附属资本两部分，且两部分之间应保持一定的比例。核心资本主要由其实收资本和公开储备组成。实收资本包括已发行和缴足的普通股和永久非累积性优先股。附属资本主要包括资产重估储备、普通准备金或一般贷款损失准备金等。附属资本的规模不能超过核心资本。该协议将资产负债表内的资产，按信用风险划分为0、10%、20%、50%和100%五个风险权数，表内风险资产由表内资产和其相应的权数乘积决定；对资产负债表外资产，则按确定的信用转换系数换算为相应的表内资产的风险权数，即表内资产＝表外资产×信用转换系数×表内相同性质资产的风险权数。

2. 《有效银行监管核心原则》。

1997年，巴塞尔银行监管委员会颁布了《有效银行监管的核心原则》（以下简称《核心原则》），该原则是巴塞尔银行监管委员会继《巴塞尔协议》之后推出的又一份重要文件，它顺应了新的经济、金融发展的形势。《核心原则》共25条，其基本内容可概括为七类，即银行业有效监管的先决条件[1]、获准经营的范围和结构[2]、

---

[1] 规定监管机构要有明确的责任和目的，各个金融监管当局应拥有适当的人力和物力资源，能自主地实施监管，在监管者之间共享监管信息并对所获信息进行保密安排，有相应的、适当的银行监管法规框架。

[2] 规定对银行机构和人员方面的监管，包括对新银行的审批、对高级管理人员的资格审查、银行股权的转让、银行的重大收购或投资等，应达到的最低标准。

审慎管理和要求①、银行业持续监管的方法②、信息要求③、监管人员的正当权限④以及跨国银行业监管⑤。它的公布推动了国际银行业经营与监管方面的变革，对于实现银行业的有效监管，防范金融风险，加强金融监管的国际协作具有重要意义。

3. 新资本协议及其三大支柱。

1999年6月，巴塞尔银行监管委员会推出了《新的资本充足比率框架》征求意见稿⑥（以下简称新协议），提出了更复杂、更具有风险敏感性的框架和管理规则。在信用风险方面，新协议提出了标准方法和基于内部评级的基础方法和高级方法，强调了三大支柱在现代监管体制中的作用，进而提出了衡量资本充足率的新思路、新方法。

新协议的主要内容体现在"三个支柱"中，支柱一为"最低资

---

① 规定监管者应要求银行达到1988年《巴塞尔协议》中关于资本金的最低要求；监管者应要求银行加强信用风险管理，建立稳健的信用审批、监测的标准和程序，建立资产分类制度和资产质量评估政策，防范集中性风险，控制关联贷款的发放；监管者应要求银行建立有效、充分的内部控制机制和风险管理系统，加强对市场风险、主权风险和其他风险，如利率风险、流动性风险、可操作性风险的管理和控制。

② 规定监管者应能在综合并表的基础上对银行实施现场检查和非现场检查，并保持与银行管理层的定期联络。

③ 规定监管者应确保银行的财务登录符合会计原则和会计惯例，以便准确、公平地评价银行的财务状况和盈利能力，并保证银行定期发布的财务报表真实地反映其状况。

④ 规定监管者应掌握充分的监管手段，以便在监管当局做出种种努力后，银行仍不满足审慎监管要求，如最低资本充足率要求时，监管者能采取及时的纠正措施或行动。

⑤ 规定监管者必须实施全球性综合并表监管，加强监管的国际合作，保证监管信息在监管者之间的流动和对外保密。

⑥ 1988年的《巴塞尔协议》中的最低资本要求主要是针对信用风险而言的，其他风险没有考虑在内，这显然不符合国际银行业发展的实际。为此，巴塞尔银行监管委员会于1996年颁布了《巴塞尔资本金协议市场风险修正案》，把市场风险纳入协议中。然而，监管与逃避监管是一个不断反复的过程，在《巴塞尔协议》实施后，逃避监管或钻监管空子的活动就没有停止过，资产证券化的急剧发展就是一个例子。此外，《巴塞尔协议》有关以OECD国家和非OECD国家为基础确定风险权重的规定一直是人们攻击的对象。

本要求"①，支柱二"资本充足性的监管约束"② 和支柱三"市场约束"③ 为支柱一的补充手段，三个支柱必须协调使用才能真正实现新协议的主旨。

（二）有效银行监管核心原则的修订

金融危机的爆发显现出全球银行体系的脆弱，银行危机的频繁发生加剧了经济衰退，面对严峻局面各国政府逐渐认识到必须加强国际合作，改善危机防范和管理机制。那么，什么样的金融监管体系才是好的监管体系，怎样利用有限资源建立起这样的金融监管体系成为许多国家尤其是发展中国家面临的问题。

巴塞尔银行监管委员会从推出有关章程以来，一直致力于金融监管的完善。委员会在总结主要工业国家银行监管的成功经验和广泛征求新兴国家意见的基础上，平衡折中了发达国家设置高标准的愿望和新兴国家尊重各国不同发展阶段的认识，提出了衡量银行监

---

① 最低资本要求包括三个方面：资本的定义、最低资本充足率和风险的衡量。最低资本要求的方案建立在1988年协议内容的基础上，新协议保留了现有的资本定义以及8%的资本与风险权重资产比率的最低要求。新协议改善了风险度量方法，资本充足率公式分母中的信用风险度量更趋精密。新协议提供了两种信用风险度量方法，第一种是标准法，第二种是基于内部评级的方法（简称IRB法）。IRB法又可进一步分为基础IRB法和高级IRB法。使用IRB法必须事先向监管当局申请，监管当局依据巴塞尔银行监管委员会的标准决定是否批准。

② 这部分是第一次被纳入协议框架中。新协议认为，为了促使银行的资本状况与总体风险相匹配，监管当局可以采用现场和非现场稽核等方法审核银行的资本充足状况。监管当局应当考虑银行的风险化解情况、风险管理情况、所在的市场性质、收益的可靠性与有效性等因素，全面判断银行的资本充足率是否达到要求，在其资本水平较低时，监管当局要及时对银行经营活动进行必要的干预。

③ 市场约束机制是第一次被正式引入，它体现了现代公司治理结构研究的重大进展，其作用在于进一步强化资本监管和促进银行体系运作中的安全与稳健。新协议充分肯定了市场具有迫使银行合理地分配资金及控制风险的作用，市场奖惩机制可以促使银行保持充足的资本水平，支持监管当局更有效地工作。为了市场约束的有效实施，必然要建立银行信息披露制度。新协议规定：a. 银行必须披露关于资本结构的扼要信息；b. 银行必须对每一风险领域提供定性和定量信息；c. 银行应披露按协议要求的方法计算的资本率，以及关于其评价资本状况的内部程序的定性信息；d. 银行每年至少披露一次，必要时还应增加。

管有效性的最低标准。例如,1997年9月,巴塞尔委员会发布《有效银行监管核心原则》。1999年10月,巴塞尔委员会又联合世界银行和国际货币基金组织,出台了较原则更加清晰明了、更富操作性和便于执行、检查与评估的具体标准。[1]

有效银行监管核心原则在发达国家的全面实施以及世界银行与国际货币基金组织通过金融部门评价项目(Financial Sector Assessment Program,FSAP)的推动下,已得到超过150个国家的认可[2],成为带有一定强制性色彩[3]的银行监管领域最为重要的国际标准。

2004年底,巴塞尔委员会开始对1997年版的《有效银行监管核心原则》和1999年版的《核心原则评价方法》同步进行修订,在面向各国监管当局、银行业界和社会公众广泛征求意见的基础上,2006年10月在墨西哥召开的第14届国际银行监督官大会上,巴塞尔委员会正式颁布新版核心原则及其评价方法。作为银行审慎监管领域最重要的全球性标准[4],修订后的核心原则更多地体现在条文的修订形式和体例上的变化,实质性的、能够切中目前金融危机要害的东西并不多。其中可圈点之处有以下几点:

一是强调监管当局自身良好治理结构的重要作用。

审视20世纪80年代以来历次金融危机的发展里程,可以发现另一条较为隐蔽的危机传导路径,即监管机构缺乏良好的治理结

---

[1] See BCBS, *Core Principles Methodology*, Oct, 1999.

[2] See WB & IMF, Implementation of the Basel Core Principles for Effective Banking Supervision, Experiences, Influences, and Perspectives.

[3] See Robert P. Delonis, International financial standards and codes: mandatory regulation without representation, 36 N. Y. U. J. Int'l L. & Pol. 563 (2004). Also see Duncan E. Alford, Core principles for effective banking supervision: an enforceable international financial standard?, 28 B. C. Int'l & Comp. L. Rev. 237 (2005).

[4] See Richard Podpiera, Does Compliance with BCPs Bring Measurable Benefits, IMF Working Paper, WP/04/204. Also see Asly Demirgüç-Kunt, Enrica Detragiache, and Thierry Tressel, Banking on the Principles: Compliance with Basel Core Principles and Bank Soundness, IMF Working paper, May 2006.

构→监管失败→金融危机爆发并蔓延,同时监管失败也会对金融危机的深度和规模产生影响。换言之,一方面,良好的监管机构治理有利于形成稳定的监管决策过程,保证监管政策的合理性和一致性,合理稳定的监管政策则有助于金融市场参与者形成稳定的预期,降低道德风险,促进审慎经营;另一方面,监管机构和被监管机构治理水平的共同改善是金融体系稳定的重要因素之一,而监管机构的良好治理是被监管对象引入良好治理的前提条件,没有良好的监管机构治理,金融机构的公司治理无法有效推行,不利于金融体系的稳定;此外,良好治理机制下的监管机构更利于建立和实施稳定的危机预警、危机管理制度,从而能更有效地防范危机的爆发、加深和蔓延。[1]

有鉴于监管治理结构在审慎银行监管制度体系中的关键地位和主导作用,巴塞尔委员会在本次核心原则的修订中,在原则1的"有效银行监管的先决条件"中分别从独立性、问责制、透明度三个方面对完善监管机构自身治理结构提出了新的标准[2]。作为纲领性的原则,对于"监管目标、独立性、权力、透明度和合作"的更进一步的规定,特别是对监管治理机构即监管程序的透明度、治理结构的健全性和职务行为的问责性的强调,始终如一地贯穿于其余的24条原则之中,反映了银行监管界对监管治理认识的深化和在实践上的重视,这是核心原则修订所体现的最重要的监管理念的

---

[1] 1998年4月巴塞尔委员会就《核心原则》实施情况进行调查,向约140个国家发出调查问卷,120多个国家和地区的监管机构按要求提供了《核心原则》实施情况的自我评价,但评价的质量极不平衡,而没有统一的评价标准,对《核心原则》文本的理解和解释迥然不同是造成上述问题的主要原因。See Basel Committee on Banking Supervision, Core Principle Methodology, September 1997, Basel.

[2] 见中国银监会《法律工作规定》第46条:"银监会法律部门可以将规章送审稿或者规章送审稿涉及的主要问题发送有关单位和个人征求意见,也可以对规章送审稿涉及的主要问题进行实地调查研究;对涉及的重大问题,可以通过座谈会、论证会等形式,听取意见,研究论证。"

发展。

二是以强化银行公司治理为核心，构建全面风险管理体系。

银行公司治理的本质是以责任明晰为前提的内外部多主体动态博弈的制度框架，在该框架下，银行设定目标及实现这些目标要运用的手段，并监控这些目标的实现程度。稳健的银行公司治理是银行监管有效发挥作用的微观金融基础，对于银行系统获得和保持公众的信任和信心、维护银行业的健康运转都非常重要。以风险管理为核心的审慎监管必须注重外部监督和内部治理的有机统一。

（三）新巴塞尔资本协议与金融危机的压力测试

美国次贷危机引发的全球金融市场持续动荡和经济增长放缓受到广泛关注。与本轮次贷危机几乎同步，新资本协议在主要经济体开始实施，金融领域两个重大事件时间上的耦合使得新资本协议再次成为公众关注的焦点。有观点认为，新资本协议建立在国际化大银行风险管理先进做法基础之上，而曾以风险管理著称的花旗、瑞银等国际化大银行不仅未能成为抵御次贷危机的中流砥柱，而且还蒙受了巨额经济损失，并由此质疑新资本协议制度的合理性和有效性。事实上，由于实施时间与次贷危机的发生存在某种程度上的"巧合"，一度被奉为银行业风险管理最高准则的新巴塞尔资本协议被认为在这次金融危机的压力测试中表现欠佳，并有导致危机产生发展之嫌。

对新协议的批判忽略了一个基本事实，即美国实施新资本协议的时间表推迟到2010年，而且涉及的银行数目十分有限，即使在欧洲到2007年次贷危机爆发时真正实施新协议的银行也屈指可数。应当说，金融海啸实际上是发生在旧巴塞尔资本协议的框架之下，同时也进一步印证了旧协议的缺陷，特别是其较低的风险敏感度已经不能适应金融创新的快速发展。因此，从这个意义上说，此次金融危机宣告的是旧资本协议的失败，这也预示着新旧资本协议过渡的步伐会进一步加快。

然而，这并不妨碍我们客观地评估对新资本协议的批评。这不仅有助于进一步理解新资本协议，而且可以明确新资本协议改进的方向。目前，对新资本协议的指责主要集中在：新协议要求的平均资本水平不足，这是危机中很多银行倒闭的原因之一；新协议与公允会计准则导致了投资组合的巨大损失；新协议的资本要求具有顺周期性，因此会加剧经济周期的波动；新协议中的信用风险评估交由评级机构，可能存在利益冲突；银行的内部模型优于其他模型的关键假定被事实证明是错误的；新协议激励银行把一些高风险的资产作为表外资产处理。

（四）新协议的核心是建立全面风险管理的框架

对新资本协议的一些误读和批判，是简单地把新协议归为一个关于资本充足率的协议，而不是一个全面的风险管理框架。在执行新协议中出现的一些缺陷，在很大程度上也是忽视了支柱二和支柱三的要求。

一是新协议的实施的确降低了银行的平均资本水平，但这主要源于监管当局为了促进巴塞尔协议加快从旧协议向新协议的过渡。监管当局在实施新协议时尽量避免提高银行的资本要求，而没有意识到新协议实际上提高了国际银行体系的资本基础。同时，必须指出的是，新协议在强调资本充足性的同时，还特别突出银行治理和风险管理流程的重要性，对一些风险来说，完善的内控机制比庞大的资本基础更为有效。

二是以市价计值在危机中扮演了重要角色，导致银行必须为覆盖损失和违约增持资本,但在这当中新协议并没有助纣为虐。尽管同时实施新协议和新的会计准则会导致银行资产负债表对资产价格的波动更为敏感,但由于新协议在计算监管资本时对以公允价值计值的股权认可有一定的标准,因此在一定程度上弱化了这种敏感性。然而,上述机制存在不对称性,为避免资本虚增,公允价值增值并不体现在资本上,而公允价值减值则体现在资本上。

三是任何确保银行持有最低资本的规则都不可避免地存在顺周期问题,解决顺周期的难点在于缺少反周期机制和相应的工具。在萧条期,违约率上升,利润下降,银行提高拨备。由于新协议对最低资本要求的敏感度更高,因此顺周期性比较突出。新协议在支柱二中要求,银行要在压力测试的情况下对其资本充足率进行更具有前瞻性的评估,并在经济上行周期为下行周期构建资本缓冲（Capital buffer）。此外,实际上在2007—2008年上半年欧洲银行的违约率并没有显著提高,因此,银行资本的下降并不能归因于银行账风险的周期变化。当然,新协议可以通过降低银行估计的风险系数的波动性、降低资本对借款人评级下降的敏感度以及对一些周期不敏感的行业适用更有利的风险权重等措施来降低其顺周期性。

四是从总体上看,外部评级仍然优于单一的风险权重方法。在新协议的信用风险标准法中,主要依赖信用评级机构对借款人的资信进行评级。早在次贷危机之前,对外部评级机构独立性和评级方法的怀疑就已经存在,但并没有更好的替代方法。至少对于普通的公司信贷而言,采用外部评级比单一的风险权重更符合风险管理实践的要求,但由于缺少历史数据,结构化产品显然是个例外。2008年11月欧盟提出对评级机构设立专门标准,包括准入、内控、评级方法以及信息披露。评级机构已经开始反思其评级方法,这些都将有助于改善评级机构存在的问题。

五是内部评级法的不当激励来自监管当局,而不是来自新协议本身。使用内部评级法可能使银行倾向于低估其风险暴露,但监管机构并不是被动地接受银行的内部模型,而是要对模型的风险评估方法和结果进行评估。只有经过监管机构的层层认可,确认模型的稳健与可靠,银行才能采用内部模型,并且监管机构会对银行自我评估的准确性和资本计划进行持续的评估。目前一些内部模型的实际效果欠佳,需要的是评级方法的进一步改进,而不是摒弃使用内部模型的理念。并且,更应当关注的是监管当局认可内部模型的能力,如果这些内部模型是稳健审慎的,那么降低资本要求的内在激励在一定程度上是合理的。目前,一些国家监管当局模型认可的标准还不够严格,部分银行低估了风险管理和审计在内部模型中的作用。

因此,与其说是实施新协议带来的金融市场波动,不如说是由于执行新协议不彻底所致的。此次金融危机并不会削弱新资本协议在风险管理领域的地位,相反进一步增强了新协议实施的紧迫性。

二、国际金融监管的进一步协调与变革

(一) 当前国际金融监管协调与合作的不足表现

虽然国际金融监管的章程经过修订,然而,由于各国在协调时机、协调方式等方面的分歧,金融监管的国际协调机制并不十分完善,其自身存在的缺陷和不足,也给这种协调与合作带来了一些障碍。这些协调与合作的不足之处主要有:

1. 急功近利的做法还很明显。

金融监管国际协调与合作的机制尽管在不断健全,但急功近利

的做法还很常见,在不少金融事件上仍存在应急、应付政策和行为。往往是当世界出现重大金融问题,危及国际贸易、国际金融乃至世界经济的稳健运行与发展时,金融监管的国际协调才仓促上阵,在紧急关头放弃国家的自身利益,通过讨价还价达成某种妥协,如著名的1985年的"广场饭店协议"干预美元的高汇价,"贝克计划"对债务问题的协调,等等。问题一旦稍有缓和,协调也往往随之停止。IMF等国际金融组织总被人们称作"消防队",也多少说明一些问题。

2. 协调目标的扭曲性。

通常,金融监管协调与合作的目标是确定的。然而,由于国际经济的复杂性、金融政策措施的非准确性和多变性等问题的存在,确定的国际协调与合作的目标并不易达到,甚至会偏离或违背其初衷。金融监管着重强调资本充足率的目标,这虽然对于银行防范风险具有重要意义,可以保证将银行冒险投资的不利影响控制在银行内部,避免危及其他银行甚至整个金融体系,却忽略了其他方面的控制,如对存款利率的控制。

3. 各国金融监管法规和措施参差不齐,协调与合作的作用有限。

尽管第二次世界大战后国际金融的协调与合作取得了一定的成果,但其作用较为有限。各国历史、经济、文化背景和发展水平的差异,使得各国在具体监管目标上的侧重有所不同。这种具体目标的差异导致各国监管措施不完全一致,对跨国银行来说,东道国和母国监管当局对其要求是不同的。

4. 不公平性。

由于西方主要国家在国际金融协调体系中占据主导地位,国际金融协调的天平也明显地向这些国家倾斜。在协调时,发达国家总是将其国家和集团的利益放在首位,而很少考虑对发展中国家的影响,它们有时甚至会有意做出对发展中国家不利的决定。例如,20世纪80年代以来的市场开放、资本流动的政策,对发展中国家是不利的。发达国家的货币在国际上的影响远比发展中国家货币的影响大,它们为了自身的利益可以不节制地对外放款,通过制定游戏规则,要求以它们的意愿开放市场。发展中国家要么不开放而游离于世界之外,要么按照发达国家的要求开放,而这将使自己面临开放的高风险。1982年债务危机以及1997年的东南亚金融危机多少说明了这一问题。这种不公平或倾斜性的存在往往使发展中国家遭受意想不到的打击,对它们的经济发展极为不利,这也是国际金融协调机制的重大缺陷。

5. 没有注重银行与非银行金融监管之间的不同。

虽然国际金融界一致认为金融监管范围仅仅局限于银行业是不够的,但在银行业和非银行金融业之间仍然存在着较大的监管不平衡。目前制定的更多的是针对银行业监管的国际协议,如《巴塞尔协议》和《有效银行监管核心原则》等,而对非银行金融机构的监管重视不够。事实上,银行和非银行金融机构因自身的不同经营性质而具有不同的监管要求。例如,证券公司的大部分资产是市场化的,因此,它们在市场低迷时将会遭受严重的损失,对其监管应强调流动性,监管的重点应是证券公司的净流动资产;从传统上讲,银行的大部分资产是非市场化的,因此,银行的主要风险是信贷风险,监管当局为保护银行贷款人和存款人的利益,不希望银行倒闭,更注重银行的长期生存能力,而不是流动性或短期资产价值的变化。另外,存款保险和最后贷款人求助对银行来说也十分重要,而从整体上看,非银行金融机构却很难获得,这也是应该对二者差别监管的原因之一。

（二）金融危机推动新资本协议进一步完善

虽然，新协议有许多可圈可点之处。然而，新资本协议也并不是完美无缺的。至少在对表外业务的资本要求方面，新协议就有很大的改进空间。通过表外方式，银行间接投资结构化产品，并没有持有充足的资本准备，同时还低估了结构化产品的流动性风险和集中风险。当然，在新协议实施之前，这一问题就已经存在，而旧协议向新协议的过渡并没有完全消除表外业务的监管套利。新协议要求银行为结构化产品持有相应的资本，以保持流动性，但却把它们视为是高等级的风险暴露，对期限较短的结构化产品的资本要求较低。为此巴塞尔银行委员会将加强表外资产支持票据的流动要求。

在吸取次贷危机经验的基础上，2009年1月巴塞尔银行委员会发布了《有关进一步强化新资本协议框架的提议（征求意见稿）》，主要包括：一是完善对证券化产品，特别是再次证券化产品的资本要求；提高使用内部评级法对证券化产品的风险权重；银行不能认可自我担保的评级；银行要采用新协议证券化的风险权重必须要满足特定条件，确保其勤勉尽责，并不是完全依赖外部评级；所有采用标准法的证券化流动性便利的信用转化因子（CCF）都统一为50%。二是进一步强化第二支柱的重要性，特别突出全面风险管理、风险集中度、表外证券化产品、声誉风险和压力测试，强调监管当局在资本充足性评估中的关键作用，并指出可能影响金融体系的大银行所持有的资本必须能够应对极端的压力事件。银行则应重视其资本的长期计划。三是加大信息披露力度，主要的披露内容有交易账中的证券化产品风险敞口、表外产品的发行人、内部评估方法（AAA）和其他资产支持票据的流动性便利、再次证券化产品的风险敞口和证券化产品风险敞口的评估方法。

(三) 美日等发达国家的金融监管变革概况

2009年3月26日,在二十国集团金融峰会(G20峰会)召开前夕仅余一周,美国提出的加大经济刺激计划的建议在欧洲仍阻力重重。在这种情况下,美国财长盖特纳抛出自1930年以来美国最大规模的金融监管改革方案,给大西洋彼岸送去了积极的"示好"信号,也使得G20峰会在金融监管领域的讨论前景渐渐明朗起来。美国财政部提出的改革方案主要包括四部分,即控制系统性风险、保护消费者和投资者利益、去除监管结构漏洞和加强国际协作。率先探讨防范系统性风险的问题并非偶然。这是法、德等欧盟国家对于监管变革的最大关注,是危机中很多无辜受害的发展中国家的呼声,也因此成为G20峰会将要讨论的最重要焦点问题。

作为本次危机爆发的发源地,美国金融监管体系暴露出来的问题一直是众矢之的,要求其改革的呼声也伴随G20峰会的到来日渐走高。中国人民银行金融研究所在其26日晚间发表的《对改革国际金融监管体系的几点认识》中就指出:"主要发达国家金融监管体系存在的一些问题还没有得到各方的充分关注或达成共识,在此,我们希望通过对部分问题的深入讨论,提出相关改进建议。"此前,以法、德为主要代表的欧盟国家也多次强调金融监管改革必须成为峰会最重要议题之一,特别要求过于相信市场力量且因此让其他国家饱受拖累的美国尽快拿出改革其金融监管体系的方案。

除巨大的国际压力之外,雷曼兄弟破产后美国政府陷入的被动局面以及在救援美国国际集团(AIG)过程中遭遇的尴尬处境也让奥巴马政府认识到了大修金融监管体系的重要性。似乎是在向国际社会表明心迹,也似乎是在给美国国会施压,盖特纳26日在美众议院金融服务委员会作证时表示,美国监管体系需要的是实施"新的游戏规则",而不是"修补边边角角"。记者特别注意到,在其十几分钟的发言中,盖特纳至少两次提到国家之间不应该为降低监管标准而要为提高监管标准展开竞争。对于一向惧谈监管的美国人来说,这样的转变或许表明他们真的从危机中学到了什么。"风险不分国界,市场是全球的,挑战也是全球的。一国内部的监管高标准需要以强有力的国际标准为补充。"盖特纳在表达美国决心的时候不忘呼吁全世界的配合。

同时,我们也看到欧美监管改革重点趋同。美国财政部提出的改革方案主要包括四部分,即控制系统性风险、保护消费者和投资者利益、去除监管结构漏洞和加强国际协作。在当天的听证会上,盖特纳主要就第一部分阐述了改革意见,称其他三方面的详细计划将在未来几周内陆续公布。

率先探讨防范系统性风险的问题并非偶然。这是法、德等欧盟国家对于监管变革的最大关注,是危机中很多无辜受害的发展中国家的呼声,也因此成为 G20 峰会将要讨论的最重要焦点问题。就在一周多以前,曾经在监管立场上游移于欧美之间的英国做出了倾向于前者的选择。3 月 18 日英国金融服务局(FSA)宣布金融监管方案,其中一个重要主旨就是 FSA 将不只局限于对单一机构的监管,而是扩展到对系统性风险的监管。而 FSA 提出的加强对"影子银行"、对冲基金等机构的监管,去除过分鼓励冒险的金融机构薪酬激励机制,提高金融机构资本充足标准等改革方向在盖特纳的这个改革框架中都得到了呼应。

从日本来看,日提议建立"亚洲版金融稳定论坛"监管地区金融稳定。2009 年 4 月,为防止亚洲地区爆发大规模的金融动荡,日本政府提议由地区内各国有关部门合作建立金融系统监管新框架。这项提议被看做是日美欧各国金融主管部门和央行等组成的"金融稳定论坛（FSF）"的亚洲版。"亚洲版FSF"设想由地区内各国金融主管部门组成，日本将派财务省、金融厅、日本银行等参加，各方定期举行会议，推动金融信息交流、金融市场监管的国际合作。目前关于金融方面的定期磋商有西方七国财长及央行行长会议（G7）、FSF等，但日本政府认为"目前在亚洲没有进行深入讨论，相关信息也不足"，因此希望早日形成"亚洲版FSF"。

（四）金融监管国际化的趋势与展望

其一，各国政府和金融监管当局要继续加强金融监管的国际协调与合作。

自20世纪90年代以来，经济全球化向纵深发展，金融全球化进程进一步加快，金融创新不断涌现，金融机构也日益转向多样化经营。在经济、金融全球化给各国带来益处的同时，经济、金融全球化的风险性、脆弱性与不平等性也给各国的金融监管带来新的挑战。例如，金融危机的不断爆发，尤其是1997年东南亚货币危机的爆发及由此产生的剧烈影响，迫使各国都开始重新审视金融监管的诸多关键问题，如监管的范围、内容、模式、体系和效益等，从而相应调整监管政策。这种重新审视的一个重要结果就是在金融自由化的同时加强监管，尤其要加强国际间的政策与行为的协调与合作，因为在经济、金融全球化的前提下的金融监管单单依赖一个或几个国家来进行是无法达到监管的预期效果的，有时甚至需要付出巨大的代价。总之，金融监管的这种国际协调与合作正在朝着以多样化金融活动（包括汇率调整、证券交易、银行业务活动、金融集团活动及反金融危机）为主要内容的金融监管的国际协调与合作发展，范围不断扩大，内容不断丰富，协调与合作的方式不断增加，协调与合作的机制不断健全，所有这些变化都源于各国和国际社会对金融监管国际协调与合作重要性认识的不断增强。

其二，金融监管国际协调与合作的机制要完善和健全。

金融监管国际协调与合作的机制主要包括信息交换、政策的相互融合、危机管理、确定合作的中介目标以及联合行动等内容。其中，最重要的内容包括：（1）信息交流。金融业的迅速发展，使得金融业务活动范围不断扩大，创新活动不断涌现，各国的金融监管政策与措施等不断补充变化，因此，各国间、各国与国际性经济或金融组织间的信息交流就显得更加迫切与必要了。（2）政策的趋同或相互融合。在信息交流的基础上，各国之间可以进一步实行趋同的经济政策与金融监管政策，以避免相互间产生矛盾和分歧。（3）行动联合。这包括两个方面：一是一般性的联合行动，两国或多国政府之间通过交换信息并同意在金融监管目标上达成一致或基本一致后，便可求同存异，实行联合行动；二是紧急联合拯救行动，即针对各国金融运行中出现的突发性事件或某种金融危机，各国与国际性金融组织所进行的共同行动，由此防止各国独善其身的政策的实施或政策实施不当使危机更加严重或得以蔓延。从信息交换到政策的趋同或相互融合，再到共同的监管行动，机制的层次逐渐提高，内容也更趋实际。从目前的情况来看，这种金融监管国际协调与合作机制的运作，主要仍是在制度的框架与不定期的论坛下进行的。相信随着金融监管制度的不断完善和金融监管实践的不断丰富，这种协调与合作机制也会得到进一步发展与完善。

其三，金融监管法制趋同化，呈现出国际化发展趋势。

金融监管法制的趋同化是指各国在监管模式及具体制度上相互影响、相互协调而日趋接近。由于经济、社会文化及法制传统的差异，金融监管法制形成了一定的地区风格。在世界上影响较大的金融监管法制模式有两类：一是英国模式，以非制度化著称，加拿大、澳大利亚、新西兰即属此类；二是美国模式，以规范化闻名于世，监管严厉，日本、欧洲大陆国家多属此类。历史上，英国对金融业的监管主要采取行业自律形式，英格兰银行在履行监管职责时形成了非正式监管的风格，不以严格的法律、规章为依据，往往借助道义劝说、君子协定等来达到目的；而美国是一个以法制化著称的国家，其金融监管制度被视为规范管理的典范，监管法规众多，这为美国金融业的发展营造了一个规范有序、公平竞争的市场环境。自20世纪70年代以来，两种模式出现了相互融合的趋势，即英国不断走向法治化，注重法律建设，而美国则向英国模式靠拢，在不断放松管制的同时增强监管的灵活性。

随着金融国际化的不断加深，各国金融机构及其业务活动跨越了国界的局限，这在客观上需要将各国独特的监管法规和惯例纳入一个统一的国际框架之中，即要求金融监管法制逐渐走向国际化。双边协定、区域范围内监管法制一体化，尤其是巴塞尔委员会通过的一系列协议、原则、标准等在世界各国的推广和运用，都将给世界各国金融监管法制的变革带来冲击。

其四，金融监管国际协调与合作的重点突出，范围扩大。

到目前为止，国际社会在金融监管国际协调与合作上所做的努力有两大重点：一是对有关国家货币汇率和汇率制度安排上的干预、监督和协调；二是以国际清算银行和巴塞尔银行监管委员会为中心，对国际银行业的行为进行的协调。两个监管上的协调与合作的脉络十分清晰，重点突出。国际社会除了在以上两个方面做出巨大努力外，在金融监管的其他方面也颇有建树，尤其是随着金融全球化步伐的不断加快与实质内容的深化，金融监管国际协调与合作的内容也在不断丰富与发展，其典型之一就是对跨国证券交易和金融衍生产品交易的监管问题日益重视。1997年的亚洲金融危机使得国际社会意识到金融监管国际协调与合作的重要性，更多的国家和组织加入监管合作的行动中来，监管合作的范围也扩展到包括银行、证券、保险、外汇、金融衍生产品等在内的整个金融活动领域。

第四章　大国金融的发展

何为大国？

全球性大国至少应该具备两个方面的要素：实力和影响力。实力是全球性大国的硬指标，包括一个国家在经济、军事和文化等各个方面的综合实力，比如人口数量、领土面积、GDP等指标。只有那些具备其他国家难以取代的绝对优势的大国才是全球性大国。影响力则是全球性大国的软指标，主要指一个国家在全球治理中的地位和影响力，具体体现在议题设置权、决策权、规则制定权和话语权四个方面。

美国作为全球性大国的典型是毋庸置疑的。除了美国，还有哪些国家可以称得上全球性大国？在全球经济治理领域，或许用"系统重要性经济体"这一概念来界定"全球性大国"更具有科学性。据此，国际货币基金组织认为"具有系统稳定重要性的国家和地区有五个（S5），包括美国、英国、欧元区、中国和日本"。本章将以此简要分析上述诸国的金融监管体制变革。同时，新型经济体国家的代表"金砖国家"也将在此进行讨论。

第一节 西方主要国家的金融发展及其监管

一、金融危机后主要国家监管架构的变迁

(一) 美国

2008年危机前,美国实行联邦和州政府两级、多个监管机构并存的"双层多头"金融监管体制。联邦一级的监管机构主要有美联储(Fed)、货币监理署(OCC)、联邦存款保险公司(FDIC)、储贷监理署(OTS)、国家信用社管理局(NCUA)、证券交易委员会(SEC)等,保险业由各州单独监管,50个州有各自的金融法规和行业监管机构。

2008年金融危机后,美国于2010年7月颁布《多德—弗兰克华尔街改革和消费者保护法案》,以加强系统性金融风险防范为主线,重塑金融监管架构,突出中央银行系统性风险管理的主体地位,并加强金融消费者保护。

1. 设立金融稳定监督委员会(FSOC),识别和防范系统性风险。

金融稳定监督委员会由10名有投票权成员和5名无投票权成员构成,财政部长任主席,主要职责包括:一是通过财政部新设的金融研究办公室和各成员机构获得任何银行控股公司或非银行金融机构的数据和信息,识别系统重要性机构、工具和市场,全面监测源于金融体系内外的、威胁金融稳定的风险,提出应对措施。二是经

2/3 以上成员同意，确定系统重要性非银行金融机构，并指定由美联储监管，目前已认定美国国际集团、通用电气金融服务公司、保德信金融集团、大都会人寿保险公司 4 家系统重要性非银行金融机构，认定清算所、支付公司等 8 家系统重要性金融基础设施。三是建议美联储对系统重要性机构提高监管标准，必要时批准美联储分拆严重威胁金融稳定的金融机构。四是协调解决各成员部门争端，促进信息共享和监管协调。

2. 明确美联储为系统重要性金融机构的监管主体，提高审慎监管标准。

一是扩大美联储的监管范围。美联储负责对资产超过 500 亿美元的银行业金融机构，所有具有系统重要性的证券、保险等非银行金融机构，以及系统重要性支付、清算、结算活动和市场基础设施进行监管，同时保留对小银行的监管权。美联储还具有对非银行金融机构的后备检查权，判断其是否威胁金融稳定，进而纳入监管范围。二是提高审慎监管标准。针对系统重要性机构，美联储从资本、杠杆率、流动性、风险管理等方面牵头制定严格的监管标准。三是严控银行高风险业务。2013 年 12 月，美联储等 5 家监管机构联合发布"沃尔克"规则最终条款，限制银行业实体开展证券、衍生品、商品期货等高风险自营业务，商业银行投资对冲基金和私募股权基金的规模不得超过银行一级资本的 3%。四是强化金融控股公司监管。美联储有权对金融控股公司及其任何一个子公司（包含非存款类子公司）进行直接检查，直接从金融控股公司获取信息以及获取金融控股公司交易对手的详细信息。对于在金融活动之外还从事非金融活动的公司，美联储可以要求其成立中间持股公司，以更好地管理金融业务。

3. 成立消费者金融保护机构，加强消费者金融保护（见图4–1）。

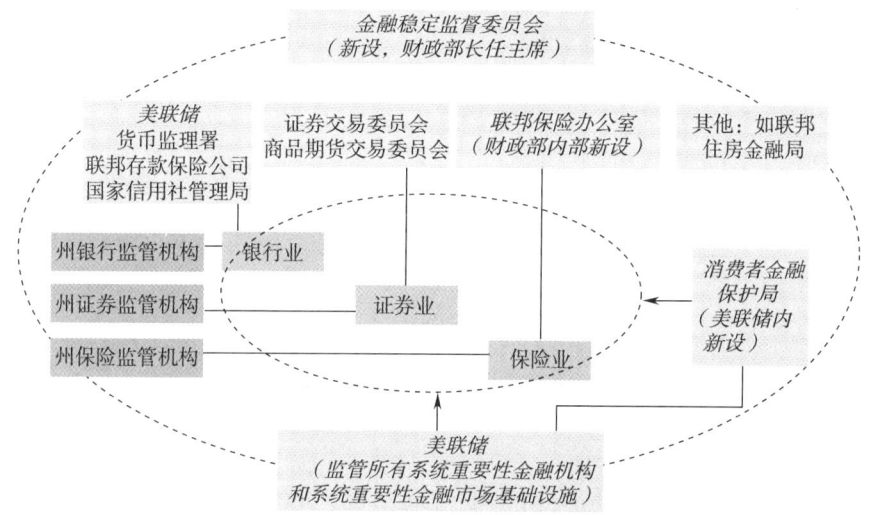

注：图中斜体字表示机构新设或其职能有调整。
资料来源：卜永祥，金融监管体制改革研究（一）国外现行体制比较。

图4–1　美国现行金融监管框架

根据多德—弗兰克的授权，在美联储体系下建立消费者金融保护局，对向消费者提供信用卡、按揭贷款等金融产品或服务的银行或非银行金融机构进行监管。法案赋予消费者金融保护局的职责有：第一，该局可以通过数据分析和研究，以对相关金融市场进行监管，并对这些产品和服务的适当性进行评估。第二，它有权根据现行消费者金融法来设立规则，并采取适当的强制执行来处理违规事件。第三，负责实施金融教育。第四，负责接收、处理和解答消费者的投诉。第五，该局有责任保护弱势消费者，包括年长者、服役人员及其亲属。此外，消费者金融保护局下设金融知识办公室加强对公众的金融知识教育，并设立社区热线，处理消费者对金融产品和服务的投诉。

(二) 英国

金融危机表明,原有的监管体系并未保护英国免受系统性风险的侵害。问题突出表现在,原有的监管框架下,没有一个能承担整体金融市场风险评估的监管机构,特别在紧急情况下,各有关部门缺少高效的协调机制,导致难以应对危机。

1. 新监管体系基本架构。

根据《2012年金融服务法案》,新的英国金融监管框架为"双峰模式",下设三个专职机构,即金融政策委员会(FPC)、由原来金融服务局(FSA)拆分的审慎监管局(PRA)和金融行为监管局(FCA)。

金融政策委员会是英格兰银行理事会内设的下属委员会,由11位委员组成。其职能有四个方面:一是检测英国金融体系的稳定性,识别和评估系统风险;二是对外公布金融稳定情况,发布金融稳定报告(每年两期);三是适时向PRA和FCA发布指令,保证宏观审慎监管的目标和执行;四是向英格兰银行、财政部、FCA、PRA或其他监管机构提出建议。该机构是从系统角度监测因果金融总体风险积累情况,并赋予相应行动的权利。

金融政策委员会对审慎监管局和金融行为监管局具有指令权(有权就特定的宏观审慎监管工具做出决策,要求审慎监管局或金融行为监管局实施)和建议权(有权向审慎监管局和金融行为监管局提出建议,监管机构若不执行,需要做出公开解释)。金融行为监管局负责人作为外部成员列席金融政策委员会会议,但没有表决权。

审慎监管局是英格兰银行的下属机构,其职责是对银行、保险公司和大型投资机构进行微观审慎监管,并负责对整个金融行业的服务行为实施监管。PRA 监管的特点为，通过确定系统性重要机构，实现有重点的监管。并通过预先干预框架，提早识别系统重要性金融机构的风险。

金融行为监督局的监管对象包括英国各类金融机构，其监管目标是保障消费者权益、保护和促进英国金融体系完整性、促进市场有效竞争。其使命是对大公司进行连续评估，对小公司进行监控，以确保企业公平竞争和不损害消费者的利益；对威胁行业诚信的事件做出迅速回应，必要时确保公司对消费者的赔偿。PRA 和 FCA 相互协作并保持信息共享，接受 FPC 的指导。

2. 财政部在英国监管架构中发挥重要作用。

此轮英国金融监管改革强化了英格兰银行的责任和权力，但不等于将金融监管全部权力都交给央行，必须正视英国财政部在金融监管架构中的重要作用。[1] 一是尽管英国中央银行具有很强的独立性，但在法律关系上仍然隶属于英国财政部，其行长由财政大臣遴选并提名。二是财政部具有很高的政治地位，在公共资金和公共政策方面具有决定性话语权，英国财政部长地位大体上与副首相相当。例如在动用公共资金进行危机救助方面，财政部是英国法律授权的唯一决策机构。危机时财政部有权向英格兰银行下达指令对单家机构或市场提供流动性支持，英国央行动用公共资金也必须经过财政部同意；再如尽管利率由中央银行制定，但是通货膨胀目标却是由财政部决定；再如英国财政部对金融政策委员会的职责和目标拥有最终解释权，财政部须确保金融政策委员会的政策方向与政府保持一致[2]。

---

[1] "英国金融监管改革启示录：被误读的超级央行"，作者：新平。
[2] 为确保金融政策委员会能够根据维护金融稳定的需要而提出不受政府接受的政策（如为缓解资产泡沫而限制信贷和债务增长），金融政策委员会可以不执行财政部的相关指导，但必须向财政部进行书面报告以说明理由。

3. 监管机构间协调合作的制度化保证。

经验教训证明,监管机构之间保持密切沟通和信息共享非常重要。英国"双峰监管"模式下,监管机构各自独立,履行职责不同。但是通过制度保障,如相互成为对方机构的成员参与决策过程、规范决策和执行程序等,基本可以做到及时的信息共享和有针对性地信息沟通。对任何一家银行或其他系统重要性金融机构而言,必须获得 PRA 和 FCA 的双重审批才能开展业务。PRA 和 FCA 的首席执行官互为对方董事会成员。

(三) 日本

从组织架构考量,日本属于典型的金融厅一体化监管模式。危机后日本没有采取大的结构性金融监管架构改革,监管体制呈现出稳定性,但也积极吸取危机教训,进一步完善金融监管体制,特别是加强监管机构和央行在宏观审慎监管中的配合。

1996 年以前,日本金融监管的行政部门是大藏省(后改名为财务省),只有信用组合是由所在都道府县知事负责监管(跨区经营的信用组合由大藏大臣授权所在地财务局长承担监管责任)。大藏省下设银行局和证券局,保险业则由"银行局"属下的"保险部"监管。

由于大藏省在处理泡沫经济破灭后的银行危机中出现诸多政策失误,日本社会各界普遍认为大藏省在金融监管方面权力过度集中是问题的症结。1996 年 12 月 25 日,日本内阁通过"行政改革计划"。为建立符合市场规律的、透明公正的金融监管体系,决定将金融监管事务从大藏省剥离,并于 1998 年 6 月 22 日,国会通过《金融监督厅设置法》后,金融监督厅作为金融监管专门机构正式成立。这次机构调整,将原属大藏大臣的权限如金融机构检查监督权、审批权、业务改善或停止命令权、金融机构关闭或合并决定权等权力转移至金融监督厅,最重要的是转由总理大臣(而非大藏省)任命金融监督厅长官。大藏省保留金融和证券交易制度设计职能,并对金融监督厅管辖范围外的政策性金融机构、证券市场等履行监管职能。

1999年12月15日,根据《金融再生委员会设置法》,在金融监督厅之上成立了金融再生委员会。2001年7月1日,日本改组金融再生委员会的下属机构金融监督厅,将其与大藏省金融企划局合并,设立金融厅。原由大藏省担负的金融制度规划设计事务改由金融厅负责。次年1月,伴随着中央政府机构调整,金融再生委员会撤销。金融厅成为内阁府的直属机构,开始承担全部金融相关制度设计、检查监督等职能。在此过程中,日本打破了银行、证券、保险的分业监管模式,实现了金融监管的统一。只有在处置金融破产和金融危机相关事务时,金融厅才需要与财务省共同负责。

为了实现目标,金融厅主要采取了以下措施:

第一,构筑有助于国民经济多样化的、促进竞争、有活力的金融系统,并将其作为经济活动的基础。为保障健全的中小企业以及下一代新兴产业,提供必要的资金支持,把谋求金融协调和有助于国民经济发展作为目标。

第二,构筑领先于时代的金融基础设施。随着金融技术和信息通信技术的发达,以金融、经济国际化等为背景,金融机构开发出了多种跨业金融商品及服务,产生了大量超越国境的资金移动。为让金融交易更加便利,金融厅构筑了不逊于国际先进水平的金融基础设施。

第三,从保护消费者的角度,完善金融规则并加以正确运用,使消费者在责任自负原则的前提下安心交易。同时,充实针对消费者的教育，谋求增进国民对金融商品、金融交易的理解。

第四，以遵循市场规律和责任自负原则为基础，制定明确的金融规则并以透明、公正的金融监管作为金融厅的工作目标。同时，提高金融机构和市场的透明度，推动金融机构公司经营公开化。

第五，为适应并迅速、正确地应对金融业务不断演变和信息通信技术迅猛发展带来的变化，在金融厅金融研究培训中心进行前沿金融领域的研究和提高职员专业能力的培训，提高专业性和预见性，建立健全金融行政体制。

第六，为有效应对金融的国际化，进一步促进同国外金融监督当局的协作、信息交换。力争建立适合国际化的金融监督规则，扩大日本金融体系的国际影响力。

根据《日本银行法》的规定，日本银行作为中央银行，其目标是"调节货币和金融，确保金融机构之间正常的资金结算，并以此维护信用秩序"。为实现上述目标，《日本银行法》第44条授权日本银行与有业务往来的金融机构签订检查合同，基于合同进行检查。

金融厅和日本银行各自的法律地位决定了这两个机构是日本宏观审慎监管的主要机构，财务省由于其前身大藏省的诸多丑闻，迄今在宏观审慎监管中的权限较小，仅限于出席金融危机应对会议和指导存款保险机构。金融厅和央行在宏观审慎监管中发挥的作用难以用孰大孰小来衡量，但总的来看，金融厅作为政府部门，其作用侧重于实施行政处罚等措施，日本银行的作用侧重于系统性风险识别、监测和提出建议。

金融厅和央行既明确分工又加强协调是日本宏观审慎监管体系的重要特点，危机后这种协调进一步加强，主要体现在：一是法律层面都有明确要求向对方提供协助义务的条款。《日本银行法》第4

条规定,"为了与政府的经济政策保持协调,日本银行应经常与政府保持沟通,进行充分意见交换"。该法第44条第3款进一步规定,"金融厅长官如果提出要求,日本银行可将检查结果文件提供给金融厅,或给金融厅工作人员阅览"。金融厅在必要时也要向日本银行提供有效信息。二是共同出席金融危机应对会议,参与国家应对金融危机的决策。三是经常联名发布指导性文件。

二、西方主要国家金融监管简评

(一) 立足本国国情,完善金融监管制度框架

金融危机后美国仍沿用了分业多头监管模式,但在原有监管框架下通过成立金融稳定监督委员会和强化美联储宏观审慎监管职能,加强了系统性风险监管的统筹机制。英国则推翻原有框架,强化央行的监管责任和权力,并成立金融行为监管局,采用了"双峰监管"模式。澳大利亚的"双峰监管"架构在危机期间经受了考验,基本延续未变。日本基本沿用危机前的金融厅一元化监管模式,并进一步强化了金融厅和央行在宏观审慎监管机构中的合作机制。"金砖四国"顺应国际潮流,普遍采取措施,立足本国国情,从防范控制系统性风险的需要出发完善本国金融监管制度框架。俄罗斯将金融监管权力集中于央行,形成了混业统一监管模式。南非借鉴英联邦国家经验,采用"双峰"监管模式。巴西、印度则沿用原有的混业监管模式,在此基础上完善本国系统性风险防范、控制机制。

总的来看,一国所采用的金融监管模式与其所处的政治、经济、社会环境关系密切。金融监管模式要有适应性,能够根据本国

金融体系的发展水平、结构变化和风险变迁动态演进,在有效捕捉风险的前提下与时俱进地配置监管资源。① 在当前监管模式呈现多元化格局的情况下,需要深入分析各国金融监管改革的相关背景,立足我国国情,准确把握近年来我国金融体系发展、演变特征和系统性金融风险的变化规律,充分论证、权衡利弊,积极稳妥推进金融监管体制改革。

(二) 加强宏观审慎监管,提高系统性风险防范能力

危机后各国普遍采取措施,加强宏观审慎监管,提高系统性风险防范能力。美国一是通过成立金融稳定监督委员会,确立了系统性风险监管的牵头机构;二是加强对系统重要性金融机构监管。法律授权金融稳定监督委员会对系统重要性金融机构进行识别,授权美联储对系统重要性机构实施监督的权力。美联储在监管中对系统重要性机构提出更高的资本金和流动性等监管标准要求,以增强其应对经济波动的能力。英国金融政策委员会的目标明确为识别、监控并采取措施来消除或减少系统性风险。法律同时赋予金融政策委员会执行宏观审慎监管职能的政策工具箱。该工具箱由两个针对银行资本缓冲的工具组成。FPC 有权在新欧盟法下设置逆周期资本缓冲和对行业资本要求,这两项工具适用于所有英国银行、建房互助协会和大型投资公司。逆周期资本缓冲工具给予金融政策委员会对银行业实施资本附加的权力。行业资本要求工具的针对性更强,给予金融政策委员会对可能对整个系统造成风险的行业实施资本附加的权力。澳大利亚审慎监管局发挥防范系统性风险的领导作用,除了风险监测、预警机制,还高度重视危机模拟和危机复苏机制的设

---

① 刘鹤. 中文版序一 [J]. 21 世纪金融监管,乔安妮·凯勒曼、雅各布·德汗、费姆克·德佛里斯编著,张晓朴译. 北京:中信出版社,2016 (1):13.

计和应用。日本金融厅、央行和财务省在宏观审慎架构中的地位都有法律的明确授权规定，并以此明确了分工的总体原则。在此基础上，通过具体的协调机制加强沟通和协调，提高防范、控制系统性风险的有效性，也有助于降低被监管机构面对多头、重复监管的合规成本。俄罗斯在明确央行为统一金融监管者的同时，还立法强化央行对金融机构的风险监测能力。俄罗斯通过立法强化央行对金融机构信息的获取权力，确保各类信息数据的真实性，定期对各类风险进行压力测试和情景模拟，并建立危机早期预警系统。印度央行一方面通过建立宏观审慎政策框架，分析和监测经济和金融体系的系统性风险，并适时发出风险预警信号。扩大监管范围，提高监管标准。另一方面将不吸收存款的金融机构纳入金融监管范畴，防止监管套利。

（三）加强市场行为监管，落实金融消费者保护

金融消费者是金融市场的关键主体，失去其参与金融市场便无从发展。同时在交易过程中，金融消费者也最容易因信息不透明、市场操纵、欺诈等活动而成为牺牲品，因此需要一国金融立法和监管体系做出更具针对性和倾斜性的保护安排。危机后加强金融消费者保护已经成为国际金融监管体系改革的重要趋势。美国国会于2009年通过《金融消费者保护机构法案》，2010年根据前述法律成立了专门保护消费者权益的独立的消费金融保护机构——金融消费者保护局。英国根据2013年4月1日生效的《金融服务法案2012》将原金融服务监管署拆分为审慎监管局和行为监管局，由行为监管局专门负责行为监管和消费者权益保护等工作。南非在金融服务理事会中成立零售银行市场服务监管机构，同时实施《公平对待消费者倡议》，阐明市场行为监管的原则，确保金融业消费者保护的标

准不变。俄罗斯颁布并多次修订《自然人银行存款保险法》，不断提升金融消费者的市场地位和保障标准。

第二节 "金砖国家"的金融监管

一、危机前后"金砖国家"金融监管体制概述

（一）巴西

1. 危机前的金融监管体制。

巴西金融监管体系的最高决策机构是国家货币理事会，成员机构包括巴西央行、证券交易委员会、私营保险监管局和补助养老金秘书处。巴西金融监管是以中央银行为主体的混业监管机制，只有证券交易所、保险和养老金机构等少数机构不受央行监管。这种监管机制使得巴西监管部门职能与责任明确，国家货币理事会层面的协调机制减少了监管部门之间沟通与协作、信息共享等方面的障碍。为履行银行监管职责，巴西央行在内部设立了专门的监管部门——监督管理局，该局由四个部门组成：现场检查部、非现场检查部、打击非法外汇交易和非法金融犯罪部、金融系统信息管理部，以此确保适度的分工与合作。

2. 危机后巴西金融监管改革举措。

2008年全球金融危机爆发后，巴西经历了短暂而剧烈的经济波动和通货膨胀。到2011年，实体经济才出现反弹迹象，但通货膨胀仍较高。为此，巴西监管当局采取以下改革措施：

（1）实施新监管准则，提高监管有效性。

2013年3月1日，巴西央行公布了由国家货币理事会制定的关于巴塞尔协议Ⅲ的实施细则，并于2013年10月1日起在巴西实施。与此同时，改进被监管机构的信息披露制度和公司治理，提高金融机构的透明度。同时加强对金融机构日常活动的评估与监测。

（2）运用宏观审慎政策工具管理流动性，防止信贷增长过快、资本流入过多带来的系统性风险。

一是采取反周期的存款准备金率调整信贷周期。在2008年金融危机发生之初，巴西央行降低准备金率以防金融系统的信贷萎缩，此后则数次提高准备金率，防止信贷过快增长。

二是自2010年12月对新增家庭贷款实施更严格的资本要求，主要集中在汽车信贷、扣除薪资贷款、个人信贷等。2011年11月，巴西央行调整汽车贷款的贷款价值比率，将信用卡最低还款比率从10%提高到15%，将消费者信用活动的金融交易税从1.5%提高到3%。

（3）完善宏观审慎框架，加强货币政策与宏观审慎政策的协调与补充。

在宏观审慎方面，巴西央行既是货币政策的实施主体，又是银行监管主体，拥有丰富的政策工具，在宏观审慎政策的实施中发挥了关键作用。2011年5月巴西央行内部成立金融稳定委员会，将宏观审慎政策职能更清晰地从货币政策中分离出来。该委员会负责监测系统性风险的来源、制定减缓风险的战略，在巴西央行内部协调各部门之间的职责。

与此同时，将宏观审慎政策与货币政策结合使用，使之互为补充。金融危机后为有效控制家庭部门信贷的过快增长，从2010年上半年到2011年中，巴西央行累计提高基准利率3.75个百分点，同时收紧存款准备金和资本充足率要求。有效的政策合作成功地实现了总需求管理,抑制了通胀压力。

(二) 俄罗斯

1. 全球金融危机前的金融监管体制。

苏联解体后,俄罗斯不断强化中央银行的地位,银行体系监管权力主要集中于央行。1998年金融危机后,俄罗斯金融监管体制逐步建立和完善,形成央行、金融市场监督局、财政部等多家机构并存的监管体系。俄罗斯保险业由财政部内设机构保险厅负责监管,银行体系的监管权力集中于央行。证券业没有独立出来,对商业银行经营证券业务的监管由金融市场监督局和中央银行共同完成。

分业、多头的监管模式导致监管机构职能重复、"政出多门"。由于俄罗斯金融政策制定权属于联邦政府和财政部,而监管权归于央行和金融市场监督局,导致各部门间的利益博弈从未中断。2003年以来,俄罗斯一直在推行统一金融监管的改革,但由于各监管主体的立场各异,改革一直未能顺利推进。

2. 金融危机后的金融监管改革。

2008年全球金融危机造成俄罗斯金融业出现较大动荡。危机过后,俄罗斯痛定思痛,以强化统一监管,提高金融体系稳定性为出发点,对本国金融监管体系进行了重大调整。

(1) 成立统一的监管机构。

2013年7月,普京总统批准法案,规定俄联邦金融市场监督局对证券市场、保险市场、交易所投资和养老金等领域的监管职责转移至央行,俄罗斯央行成立金融监管委员会行使上述职能。委员会成员在央行各部门负责人中产生。

法案的实施标志着俄罗斯金融监管体制的重大变革。一是明确央行的统一监管者地位。除继续承担监管银行等信贷机构的职责外，俄罗斯央行将取代原金融市场监督局，对证券公司、保险公司、小金融组织、交易所和养老基金等几乎所有非信贷金融机构的经营活动实行全权统一监管。① 二是赋予俄罗斯央行更多职能。央行将接管财政部和联邦政府制定金融市场监管标准的部分权力，参与政府起草相关法律和监管规定的过程，同时承担政策制定和监督执行两项职能。三是出台配套调整措施。为配合央行新的监管地位，该行董事会成员由13人增至15人，行长和董事长任期由四年延长至五年。同时，由于央行职权范围扩大，提升原国家银行委员会的级别，并更名为国家金融委员会。在央行基础上成立统一的金融监管机构将解决俄罗斯金融监管机构职能重复的问题，提高金融监管的稳定性和有效性，也表明俄罗斯金融监管体系正式由分业监管向混业统一监管转变。

（2）强化监管当局对金融机构的风险监测能力。

俄罗斯通过立法强化央行对金融机构信息的获取权力，确保各类信息数据的真实性，定期对各类风险进行压力测试和情景模拟，并建立危机早期预警系统。金融监管改革将金融政策制定和监督执行两项职能同归于俄央行，确立了其在金融市场上的权威地位，有利于金融政策的统一性和连贯性，避免政策执行中出现梗阻。

（3）更加强调金融稳定目标。

俄罗斯央行在危机后进一步强调金融机构不能以危害金融稳定为代价来获取商业利润。同时修订《自然人银行存款保险法》，出台《支持金融体系补充措施法》，完善问题金融机构的退出机制，重点强调问题机构早期的资产保全能力，充分保护存款者和债权人的利益，确保国内金融机构的稳定。

---

① 见谭润石. 俄罗斯央行大权在握［J］. 中国金融家，2013（9）.

(三) 印度

1. 危机前的金融监管体系。

印度实行分业经营和分业监管，印度储备银行作为中央银行主要负责制定和实施货币政策、管理外汇市场，同时对银行业实施监管。此外，证券交易委员会、保险监管和发展局分别负责对证券业和保险业实施监管。具体而言，印度储备银行主要负责监管全国的银行体系，证券交易委员会主要负责包括银行在内的所有金融机构非传统型业务的监管，包括证券发行、政府债券交易、共同基金、信用卡业务及代理、金融担保等。

2. 危机后的金融监管改革。

金融危机后，印度以加强宏观审慎监管为抓手，全面加强防范、控制系统性风险的制度建设。具体而言：

(1) 加强对系统性风险的监测与预警，建立宏观审慎分析框架。

印度储备银行一方面通过建立宏观审慎政策框架，分析和监测经济和金融体系的系统性风险，并适时发出风险预警信号。扩大监管范围，提高监管标准。另一方面将不吸收存款的金融机构纳入金融监管范畴，防止监管套利。[①] 同时以实施巴塞尔协议Ⅲ为突破口，提高监管要求，加强对银行资本数量和质量的监管。

(2) 强化金融监管协调，加大对系统重要性金融机构的监管力度。

为加强监管协调，危机后印度政府成立"金融稳定与发展局"，位于印度储备银行、证券交易委员会和发展局之上，以加强监管部门的协调与合作，监管系统重要性金融机构。其主要职能包括监管大型金融集团、实施宏观审慎监管、加强内部监管合作、普及金融

---

① 高宇. 后危机时代主要国家金融监管改革分析与述评 [J]. 国际经济合作，2012 (7)：91.

知识和制订金融扩展计划等。金融稳定与发展局通过设立专门委员会建立工作机制，由印度储备银行行长负责，讨论和决定关于金融部门发展和稳定的相关事宜，协调部门间监管事项。

(3) 强化对综合经营和金融集团的监管。

2013年3月，印度各监管机构包括印度储备银行、证监会、保险监管及发展局、养老监督及发展局签订了金融集团监管合作谅解备忘录，加强对金融集团监管的协调。

（四）南非

1. 危机前的金融监管体制。

金融危机之前，南非央行储备银行和金融服务理事会是两个主要的监管主体，储备银行下属的银行监管部负责吸收存款银行部门的监管，非银行金融机构则由金融服务理事会负责监管，但金融服务理事会同时要向财政部负责，监管权相对分散。信用领域由国家信用监管局负责管理，处理消费者信用公平交易与评估、消费者保护和信用行业公平竞争等事项。总体上南非金融监管体系没有统一协调机构。

2. 危机后南非的金融监管改革。

(1) 确保金融稳定。

宏观审慎监管成为危机后南非体系监管的基础和未来改革方向。从2011年起，南非监管当局推行了如下改革：一是成立金融稳定监督委员会，成员包括南非储备银行、金融服务理事会和财政部，由财政部长负责。二是成立金融监管委员会，该委员会在立法、执法和市场行为方面为各监管机构提供部门间的协调。它也包含相关的标准制定机构，如独立的审计监管理事会。金融监管委员会并不参与监管机构的日常工作，委员会每年至少召集1~2次会议。金融监管委员会下各监管机构仍独立运行。三是改进银行和金融危机救助框架。改进部门间的协调，财政部和储备银行已经完成了对危机应急框架的综合评估方案。

（2）建立"双峰"监管模式。

2011年，南非央行宣布，将仿照英国，在未来三年内将金融监管模式转为"双峰"监管。在该模式下，金融监管的目标包括：监管协调、审慎监管和市场行为监管。金融监管委员会由金融监管机构、非金融监管机构的负责人和其他利益相关者组成，确保金融监管的整体协调，是解决审慎监管和市场行为监管之间冲突的正式渠道。金融稳定监督委员会由南非央行、金融服务理事会和财政部组成，协调金融稳定事项并努力减少风险。南非央行负责宏观审慎监管，财政部、金融服务理事会和国家信用监管局则负责微观方面的监管和消费者保护。

（3）加强消费者保护和市场行为监管。

一是在金融服务理事会中成立零售银行服务市场行为的监管机构。该监管机构的工作主要集中在市场结构和银行成本的事项，并与国家信用监管局紧密合作，两者在管理信贷扩张中作用互补。

二是主动实施全面的《公平对待消费者倡议》，该倡议清晰阐明了市场行为监管的原则，确保金融业消费者保护的标准不变。同时还强调养老基金的监管要考虑保险消费者尤其是脆弱的老年人群在退休后的财务窘境，便利养老基金的投资渠道，消除系统性风险。

二、"金砖国家"金融监管的启示与借鉴

（一）立足本国国情，完善金融监管制度框架

金融危机后"金砖四国"顺应国际潮流，普遍采取措施，立足

本国国情，从防范控制系统性风险的需要出发完善本国金融监管制度框架。俄罗斯将金融监管权力集中于央行，形成了混业统一监管模式。南非借鉴英联邦国家经验，采用"双峰"监管模式。巴西、印度则沿用原有的混业监管模式，在此基础上完善本国系统性风险防范、控制机制。在宏观审慎监管方面，"金砖四国"普遍完善了组织框架，加强了央行内部以及跨部门的沟通与协调。巴西和俄罗斯采用了央行内部设立金融稳定委员会的模式，加强作为宏观审慎政策实施主体——央行内部的沟通与协调。印度成立金融稳定与发展局，南非建立金融稳定监督委员会，加强跨部门协调与合作。

总的来看，一国所采用的金融监管模式与其所处的政治、经济、社会环境关系密切。金融监管模式要有适应性，能够根据本国金融体系的发展水平、结构变化和风险变迁动态演进，在有效捕捉风险的前提下与时俱进地配置监管资源。① 在当前监管模式呈现多元化格局的情况下，需要深入分析各国金融监管改革的相关背景，立足我国国情，准确把握近年来我国金融体系发展、演变特征和系统性金融风险的变化规律，充分论证、权衡利弊，积极稳妥推进金融监管体制改革。

（二）宏观审慎政策应与货币政策、财政政策加强协调

巴西在2010—2011年运用宏观审慎政策和货币政策，成功地实现了总需求管理，抑制了通胀压力。这一事实印证了宏观审慎政策应与宏观经济政策加强协调的必要性。宏观审慎政策与货币政策、财政政策既有联系，又有区别。前者关注系统层面的金融机构、金融市场及其交易活动，其目标是在综合考虑宏微观经济形势的前提

---

① 刘鹤. 中文版序一［J］. 21 世纪金融监管. 乔安妮·凯勒曼、雅各布·德汗、费姆克·德佛里斯编著, 张晓朴译. 北京：中信出版社, 2016（1）：13.

下来确定金融机构和市场的交易规则，以此防范和控制系统性风险；而后者更关注通过"汲水"型的政策调控引导公众的预期和信心发生变化，以此平衡总需求和总供给两个方面，防止经济大起大落。宏观审慎政策的提出，拓宽了政策制定者的视野，由以往的紧缩性、扩张性货币政策、财政政策 4 种政策搭配组合拓展到财政政策、货币政策、宏观审慎政策动态搭配的 9 种政策搭配，丰富了宏观调控政策工具箱，扩宽了宏观调控政策的回旋余地。

因此，宏观审慎、货币政策和财政政策虽分属于不同的政策框架，具有不同的政策目标和政策工具，但是紧密联系，而且互动性极强。一方面，恰当地运用宏观审慎政策并发挥其结构性调节优势，可以减少货币政策对金融稳定的负面作用，并通过缓解单纯使用货币政策造成的困境，为货币政策的总量调节创造更多的操作空间；另一方面，财政稳健性可能对宏观审慎政策的作用空间产生显著影响，制定宏观审慎政策时，需要预判未来财政政策的变化。关键是要准确把握不同政策范畴之下不同政策工具的传导机制与相互影响，在此基础上根据本国当前经济、金融体系的实际状况相机抉择，加强协调。[①]

（三）加强市场行为监管，落实金融消费者保护

金融消费者是金融市场的关键主体，失去其参与金融市场便无从发展。同时在交易过程中，金融消费者也最容易因信息不透明、市场操纵、欺诈等活动而成为牺牲品，因此需要一国金融立法和监管体系做出更具针对性和倾斜性的保护安排。危机后加强金融消费者保护已经成为国际金融监管体系改革的重要趋势。美国国会于

[①] 见王刚、李丹丹. 浅析宏观审慎监管与宏观经济政策的基本关系 [J]. 浙江金融, 2011 (4).

2009年通过《金融消费者保护机构法案》，2010年根据前述法律成立了专门保护消费者权益的独立的消费金融保护机构——金融消费者保护局。英国根据2013年4月1日生效的《金融服务法案2012》将原金融服务监管署拆分为审慎监管局和行为监管局，由行为监管局专门负责行为监管和消费者权益保护等工作。南非在金融服务理事会中成立零售银行市场服务监管机构，同时实施《公平对待消费者倡议》，阐明市场行为监管的原则，确保金融业消费者保护的标准不变。俄罗斯颁布并多次修订《自然人银行存款保险法》，不断提升金融消费者的市场地位和保障标准。

借鉴国际经验，我国一方面应尽快构建统一的金融消费者保护法律制度。如果任由"一行三会"延续以往"跑马圈地"式的立法模式，将造成金融消费者保护这一金融法律"处女地"在立法和执法环节出现大量新的矛盾与冲突，并显著提高未来推进统一立法过程中的协调成本。为此，建议国务院法制办组织制定统一的金融消费者保护行政法规。[①] 另一方面，在完善金融监管体制的过程中应注意加强金融消费者保护，建议考虑整合"一行三会"内设的金融消费者保护机构，组建统一的市场行为监管机构，以此完善现有金融监管框架，在行政执法层面落实金融消费者保护职责。

[①] 张承惠、王刚、郑铉. 完善我国金融法律体系的政策建议［R］. 国务院发展研究中心调研报告，2015（37）.

结束语　中国与全球金融治理

G20是中国开展大国外交的重要舞台，也是中国融入全球经济治理体系并发挥与其经济体量相称的国际影响力的重要平台。

国家主席习近平在土耳其安塔利亚召开的二十国集团（G20）领导人第十次峰会上宣布，中国将在杭州主办2016年G20领导人第十一次峰会。中方把2016年峰会主题确定为"4个I"，即"构建创新（Innovative）、活力（Invigorated）、联动（Interconnected）、包容（Inclusive）的世界经济"。中国将从创新增长方式和推进改革创新、完善全球经济金融治理、促进国际贸易和投资、推动包容联动式发展4个重点领域进行峰会筹备工作。

该议题设计体现中国对国际经济形势的深刻把握，以及参与全球治理的信心和能力。当前，尽管一些主要经济体（比如美国和中国）已经开始走出2008年全球金融危机影响的阴霾，但是全球经济走势仍然不容乐观。世界经济已然处于国际金融危机后的深度调整期，经济复苏和增长的速度都明显低于预期。与此同时，欧债危机、难民危机、恐怖主义以及近期英国脱欧等因素不同程度地侵袭脆弱的经济复苏前景和金融全球化态势。全球经济发展的不平衡在当前不仅没有得到舒缓，反而恶化了。

在此背影下，2016年9月杭州召开的G20峰会富有深意。作为世界第一人口大国、全球第一大货物贸易国和第二大经济体，中国有必要也有能力在全球治理中发挥更为关键的作用。

随着综合国力的增强和国际影响力的扩大，中国基于自身发展客观上需要参与世界经济，推动世界经济实现新的平衡；同时，更加开放的中国有意愿也有条件参与全球经济治理，在构建人类命运共同体和利益共同体方面发挥更多建设性作用，承担与自身能力和发展阶段相适应的责任。

近年来，中国已经成为推进世界经济平衡发展的重要贡献者。中国针对2016年G20峰会的议题设计，体现了中国在这方面的探索和努力。四大议题"创新、活力、联动、包容"各有深意，不仅紧扣国际形势，更体现了中国的国内诉求。G20当前采用的"非机制化"的运行模式固然有其灵活性优势，但是却极大削弱了其有效性。

二十国集团作为协调全球经济事务的首要平台，是此轮全球金融危机的产物，同时也是经济全球化和治理碎片化难以调和的矛盾产物。全球经济治理赤字问题突出，究其根本是治理主导权的严重失衡。新兴市场国家的群体性崛起正在改变世界经济格局的力量对比，二十国集团为新兴的全球性大国参与推动全球经济治理改革提供了平台。中国是2016年G20峰会的主席国，作为系统重要经济体的中国有能力为世界经济发展做出切实贡献。

全球经济治理的未来不取决于任何一个单一国家的意愿，在国际体系呈现日益多元化的趋势下，一个更加平等和民主的治理结构才符合国际社会的共同利益。中国积极参与全球金融治理，可以提高在全球治理架构尤其是在国际金融组织中的代表性和发言权；争取更大的发言权和影响力也相应地提升对未来全球经济治理的影响力，而更大的发言权和影响力也符合中国的战略利益。

就全球经济治理而言，中国对于中美共治的所谓"G2"并不认可。我们应该认识到，维持全球多边体系的正常运作既符合美国的全球利益，有利于巩固其对全球多边体系的主导权，也有利于中国为自身发展营造和平的国际环境。

对于全球经济治理而言，中国会继续"推动变革全球治理体制中不公正不合理的安排，推动国际货币基金组织、世界银行等国际经济金融组织切实反映国际格局的变化，特别是要增加新兴市场国家和发展中国家的代表性和发言权，推动各国在国际经济合作中权利平等、机会平等、规则平等，推进全球治理规则民主化、法治化，努力使全球治理体制更加平衡地反映大多数国家的意愿和利益"。着眼长远，中国提出的"共商、共享和共建"的治理理念符合全球治理的发展趋势。

亚洲金融危机爆发之后，布什政府推动成立 G20 机制，并着手对国际金融体系进行改革。2008 年金融危机触发了一场全球治理模式深刻变革，G20 一跃成为国际经济合作首要平台，承载起建造可持续、平衡增长全球治理框架的全新使命，G7、G8 独步全球治理疆界的时代告一段落。

G20 是一个极具代表性的新的国际合作框架基础，它的历史使命不应仅仅局限于解决眼下的国际金融危机，而应随着 21 世纪国际地缘政治的发展变化，肩负起建立国际未来新秩序的使命。

G20 治理机制之所以在国际格局多极化过程中脱颖而出，是因为和平、发展、合作已经成为时代大势。大国之间不但面临着众多全球性共同挑战，还需妥善处理一系列利益交集和价值观分歧，一个建立在"利益"和"利害"基础上的多边共同体正在隐约形成，G20 机制建设也正值此刻适时开启。

我们期待 2016 年中国杭州 G20 峰会，能够在这一理念的导引下，推出更为切实的行动方案，推动 G20 为全球经济治理提供更多的公共产品，为全球金融监管重建、建立良好的全球金融秩序而努力。

参考文献

一、著作

[1] 宋则行、樊亢主编. 世界经济史［M］. 北京：经济科学出版社，1998.

[2] 高德步、王珏编著. 世界经济史［M］. 北京：中国人民大学出版社，2001.

[3] 齐世荣、钱乘旦、张宏毅主编. 十五世纪以来世界九强兴衰史（上下卷），北京：人民出版社，2009.

[4] 夏炎德著. 欧美经济史［M］. 上海：三联书店上海分店，1991.

[5] 陈其人著. 世界经济发展研究［M］. 上海：上海人民出版社，2002.

[6] 王正毅著. 世界体系论与中国［M］. 北京：商务印书馆，2000.

[7] 王家范著. 百年颠沛与千年往复［M］. 上海：上海远东出版社，2001.

[8] ［日］朝仓孝吉著. 日本经济史［M］. 岩波书店，昭和十五年.

[9] ［美］塞缪尔·亨廷顿著. 文明的冲突与世界秩序的重建

[M]．北京：新华出版社，2010．

[10]［英］麦迪森著．世界经济千年史［M］．北京：北京大学出版社，2003．

[11]［美］保罗·肯尼迪著．大国的兴衰［M］．北京：国际文化出版公司，2006．

[12]［美］斯塔夫里阿诺斯著．全球通史（英文版）［M］．北京：北京大学出版社，2011．

[13]［美］彭慕兰史建云译．大分流：中国、欧洲与近代世界经济的形成［M］．南京：江苏人民出版社，2003．

[14]［德］安德鲁·贡德·弗兰克著，刘北成译．白银资本：重视经济全球化中的东方［M］．北京：中央编译出版社，2008年第二版．

[15]［美］王国斌著，李伯重、连玲玲译．转变的中国：历史变迁与欧洲经验的局限［M］．南京：江苏人民出版社，1998．

[16]［美］道格拉斯·诺斯（Douglass C. North）、罗伯特·托马斯（Robert P. Thowmas）：厉以平、蔡磊译．西方世界的兴起［M］．北京：华夏出版社，1999年中文版．

[17]［法］费尔南·布罗代尔（Fernand Braudel）：顾良、施康强译．十五至十八世纪的物质文明、经济和资本主义［M］．北京：三联书店，1992年中文版．

[18]［加］彼得·哈吉纳尔（Peter I. Hajnal）等．八国集团体系与二十国集团［M］．上海：上海人民出版社，2010．

[19]戴维·赫尔德，杨冬雪等译．全球大变革——全球化时代的政治、经济和文化［M］．北京：社会科学文献出版社，2001．

二、论文

[1]洪昊、葛声．金砖四国金融监管体系改革和合作研究

[J].金融发展评论，2011（6）.

［2］康书生、李园园.金砖四国金融危机后金融监管改革及启示［J］.国际金融，2010（12）.

［3］银行外部监管与内部控制培训团.南非金融及外汇监管经验借鉴.

［4］谢丹、任秋宇.巴西等五国金融监管改革情况［J］.金融发展评论，2014（4）.

［5］米军、陈菁泉.俄罗斯银行业监管制度的发展、特点及启示［J］.国外社会科学，2014（6）.

［6］谭润石.俄罗斯央行大权在握［J］.中国金融家，2013（9）.

［7］米铁男.俄罗斯金融服务市场监管法律制度评介［J］.北方法学，2013（4）.

［8］王刚，李丹丹.浅析宏观审慎监管与宏观经济政策的基本关系［J］.浙江金融，2011（4）.

［9］高宇.后危机时代主要国家金融监管改革分析与述评［J］.国际经济合作，2012（7）.

［10］艾尚乐.国际金融治理的新趋向——中国参与G20机制的改革与发展［J］.金融财税研究，2012（1）.

［11］陈凤英.二十国集团机制化适应时代发展潮流［J］.当代世界，2010（12）.

［12］曹广伟.一种新的国际经济协调机制的建构——简评G20机制在应对全球经济危机中的作用［J］.东亚非纵横，2010（5）.

［13］曹广伟、张霞.G20机制的构建及其在后危机时代的角色定位［J］.国际展望，2010（6）.

［14］曹玮、王俊峰.G20机制化建设与中国的对策［J］.亚非

纵横，2011（4）．

［15］崔志楠、邢悦．从"G7"时代到"G20"时代——国际金融治理机制的变迁［J］．世界经济与政治，2011（1）．

［16］方晋．G20机制化建设与议题建设［J］．国际展望，2010（3）．

［17］侯典芹．G20峰会的机制化与发展中国家［J］．全球视野理论月刊，2012（4）．

［18］黄范章．从G7到G20的历史意义何在？［J］．中国景岗山干部学院学报，2012（3）．

［19］黄梅波、吕朝凤．G20经济波动的同周期性研究——G20宏观经济政策协调的可能性及效果分析［J］．国际贸易问题，2011（3）．

［20］黄梅波、胡建梅．国际宏观经济政策协调与G20机制化［J］．国际论坛，2011（1）．

［21］李兵、周晓松．G20机制下的国际金融安全［J］．红旗，2010（16）．

［22］李晓、冯永琦．国际货币体系改革的集体行动和二十国集团的作用［J］．世界经济与政治，2012（2）．